Bansi/Niederle

Schuldrecht BT 2
- Unerlaubte Handlungen,
Bereicherungsrecht,
Bürgschaft -

10. Auflage 2022

ISBN 978-3-86724-023-9

10. Auflage 2022

© 2022 niederle media

Bezug möglich direkt vom Hersteller
Verlag niederle media
Inhaber: Jan Niederle
Siemensstraße 37
48341 Altenberge
Deutschland
E-Mail: info@niederle-media.de
www.niederle-media.de

▶ Inhalt

▶ Schuldrecht BT 2

▶ Vorwort

Dieses Skript ist gedacht als Einführung in die Grundlagen des Besonderen Teils des Schuldrechts. Nachlesen und nachbereiten kann man hier anhand klausurtypischer Fälle die Themen, die meist in den Einstiegs-Vorlesungen behandelt werden. Dazu gehören z.B. die Unerlaubten Handlungen gemäß §§ 823 ff., das Bereicherungsrecht gemäß §§ 812 ff. sowie der Bürgschaftsvertrag, § 765.

Der Name **niederle media** steht für Skripten, die zu einem großen Teil von Autoren mit mehrjähriger Lehr-Erfahrung als Hochschullehrer oder AG-Leiter verfasst wurden und die

- klausurrelevante Themen *kompakt* darstellen,

- meist in 1-2 Tagen und demnach *zeitsparend* durchgearbeitet werden können,

- so *verständlich* sind, dass auch Anfänger damit regelmäßig auf Anhieb klarkommen,

- *Fallbeispiele, Übersichten* und *Schemata* enthalten,

- sehr *erschwinglich* sind (ab 7,90 Euro).

Aufgrund dieser Eigenschaften sind unsere Skripten hervorragend geeignet für den ersten, unkomplizierten Einstieg in die Materie oder für eine schnelle Wiederholung kurz vor der Prüfung. Dafür drücke ich schon jetzt ganz fest die Daumen,

Jan Niederle

▶ Unsere 📖 Skripten 📇 Karteikarten 🎧 Hörbücher

Zivilrecht

- 📖 Standardfälle **Zivilrecht** f. **Anfänger** (BGB AT+Kaufrecht)
- 📖 🎧 Standardfälle **BGB AT**
- 📖 🎧 Standardfälle **Schuldrecht**
- 📖 🎧 Standardfälle **Ges. Schuldverhältn.**, §§ 677,812,823
- 📖 🎧 Standardfälle **Sachenrecht** (Mobiliar+Immobiliar)
- 📖 🎧 Standardfälle **Familien- und Erbrecht**
- 📖 🎧 Basiswissen **BGB AT** (Frage-Antwort)
- 📖 🎧 Basiswissen **Schuldrecht AT** (Frage-Antwort)
- 📖 🎧 Basiswissen **Schuldrecht BT** (Frage-Antwort)
- 📖 🎧 Basiswissen **Sachenrecht** (Frage-Antwort)
- 🎧 Basiswissen **Familienrecht** (Frage-Antwort)
- 🎧 Basiswissen **Erbrecht** (Frage-Antwort)
- 📖 Einführung in das **Bürgerliche Recht** (für Anfänger)
- 📖 Studienbuch **BGB AT**
- 📖 Studienbuch **Schuldrecht AT**
- 📖 Einführung **Schuldrecht BT 1** - §§ 437, 536, 634, 670 ff.
- 📖 Einführung **Schuldrecht BT 2** - § 812, 823, 765 ff.
- 📖 Einführung **Sachenrecht 1** – Mobiliarsachenrecht
- 📖 Einführung **Sachenrecht 2** – Immobiliarsachenrecht
- 📖 Einführung **Familienrecht**
- 📖 Einführung **Erbrecht**
- 📖 🎧 **Definitionen** für die Zivilrechtsklausur

Strafrecht

- 📖 Standardfälle **Band 1**: für Anfänger
- 📖 Standardfälle **Band 2**: für Fortgeschrittene
- 📖 🎧 Standardfälle **Strafrecht AT** (für Anfänger)
- 📖 🎧 Basiswissen **Strafrecht AT** (Frage-Antwort)
- 📖 🎧 Basiswissen **Strafrecht BT 1** (Frage-Antwort)
- 📖 🎧 Basiswissen **Strafrecht BT 2** (Frage-Antwort)
- 📖 Einführung **Strafrecht AT**
- 📖 Einführung **Strafrecht BT 1** – Vermögensdelikte
- 📖 Einführung **Strafrecht BT 2** – Nichtvermögensdelikte
- 📖 🎧 **Definitionen** für die Strafrechtsklausur

Öffentliches Recht

- 📖 Standardfälle **Staatsrecht 1** – Staatsorganisationsrecht
- 📖 Standardfälle **Staatsrecht 2** – Grundrechte
- 📖 🎧 Standardfälle f. **Anfänger** (StaatsorgaR u. GrundR)
- 📖 Standardfälle **Verwaltungsrecht AT**
- 📖 Standardfälle **Polizei- und Ordnungsrecht**
- 📖 Standardfälle **Baurecht**
- 📖 Standardfälle **Europarecht**
- 📖 Standardfälle **Kommunalrecht**
- 📖 🎧 Basiswissen **StaatsR 1** – StaatsorgaR (Frage-Antwort)
- 📖 🎧 Basiswissen **StaatsR 2** – Grundrechte (Frage-Antwort)
- 📖 Basiswissen **Verwaltungsrecht AT** (Frage-Antwort)
- 📖 Studienbuch **Staatsorganisationsrecht**
- 📖 Studienbuch **Grundrechte**
- 📖 Studienbuch **Verwaltungsrecht AT**
- 📖 Studienbuch **Europarecht**
- 🎧 Hörbuch Basiswissen **Europarecht**
- 📖 Studienbuch **Staatshaftungsrecht**
- 📖 **Verwaltungsrecht AT 1** – VwVfG
- 📖 **Verwaltungsrecht AT 2** – VwGO
- 📖 **Verwaltungsrecht BT 1** – Polizei und Ordnungsrecht
- 📖 **Verwaltungsrecht BT 2** – Baurecht
- 📖 **Verwaltungsrecht BT 3** – Umweltrecht
- 📖 🎧 **Definitionen** Öffentliches Recht

Sozialrecht

- 📖 Einführung **Sozialrecht**

Nebengebiete

- 📖 Standardfälle **ZPO**
- 📖 🎧 Standardfälle **Handels- & Gesellschaftsrecht**
- 📖 🎧 Standardfälle **Arbeitsrecht**
- 📖 🎧 Basiswissen **Handelsrecht** (Frage-Antwort)
- 📖 🎧 Basiswissen **Gesellschaftsrecht** (Frage-Antwort)
- 📖 🎧 Basiswissen **StPO** (Frage-Antwort)
- 📖 🎧 Basiswissen **ZPO** (Frage-Antwort)
- 📖 Einführung **Handelsrecht**
- 📖 Einführung **Gesellschaftsrecht**
- 📖 Einführung **Arbeitsrecht**
- 📖 Einführung **Kollektives Arbeitsrecht**
- 📖 Einführung **ZPO I** - Erkenntnisverfahren
- 📖 Einführung **ZPO II** - Zwangsvollstreckung
- 📖 Einführung **StPO** - Strafprozessordnung
- 📖 Einführung **IPR** - Internationales Privatrecht
- 📖 Standardfälle **IPR** - Internationales Privatrecht
- 📖 Einführung **Insolvenzrecht**
- 📖 **Gewerblicher Rechtsschutz & Urheberrecht**
- 📖 Einführung **Wettbewerbsrecht**
- 📖 Einführung **Sportrecht**

Karteikarten

- 📇 **Grundlagen des Zivilrechts**
- 📇 **BGB Allgemeiner Teil**
- 📇 **Schuldrecht BT** (§§ 433, 535, 631, 812, 823)
- 📇 **Schemata Zivilrecht** (AT, SchuldR, SachR, FamR)
- 📇 **Strafrecht AT**
- 📇 **Strafrecht BT 1**
- 📇 **Strafrecht BT 2**
- 📇 **Streitfragen Strafrecht**
- 📇 **Staatsorganisationsrecht**
- 📇 **Grundrechte**
- 📇 **Verwaltungsrecht AT**
- 📇 **Schemata Öffentliches Recht**

Die wichtigsten Schemata

- 📖 **Band 1**: Zivilrecht, Strafrecht, Öffentliches Recht
- 📖 **Band 2**: Arbeitsrecht, Handelsrecht, Gesellschaftsrecht, StPO, ZPO

Ratgeber Jurastudium

- 📖 Ratgeber **500 Spezial-Tipps für Juristen** - Wie man geschickt durchs Studium und das Examen kommt

BWL

- 📖 Einführung in die **Betriebswirtschaftslehre**
- 📖 **Organisationsgestaltung & -entwicklung**
- 📖 **Fallstudien** Organisationsgestaltung & -entwicklung
- 📖 **Internationales Management**
- 📖 Wie gelingt meine wiss. **Abschlussarbeit?**
- 📖 **Medienwirtschaft** für Mediengestalter

Assessorexamen

- 📖 Der **Aktenvortrag im Strafrecht**
- 📖 Der **Aktenvortrag im Zivilrecht**
- 📖 **Staatsanwalt. Sitzungsdienst & Plädoyer**

Irrtümer und Änderungen vorbehalten!

🎧 bedeutet: auch als **Hörbuch** lieferbar!

Bei **niederle-media.de** bestellte Bücher treffen idR *nach 1-2 Werktagen* ein!

Lektion 1: Das Deliktsrecht, §§ 823 ff.

Wer einen Schaden verursacht, ist der geschädigten Person gegenüber verantwortlich und haftbar. Dieser einfache Grundsatz ist Kerninhalt der deliktischen Haftung aus §§ 823 ff., welche im Unterschied zum übrigen Schuldrecht unabhängig vom Bestehen einer *vertraglichen* Beziehung ist. Man spricht in diesem Zusammenhang daher vom **Deliktsrecht** oder auch vom Recht der unerlaubten Handlungen.

Beispiel 1: Autofahrer A beachtet fahrlässig die Vorfahrtsregeln nicht und fährt in den PKW des B. Dabei wird der B verletzt und sein Wagen beschädigt. - Hier besteht keine vertragliche Beziehung zwischen A und B, so dass B von A keine Ansprüche aus Vertrag herleiten kann. A hat jedoch das Eigentum des B am PKW sowie die Gesundheit des B beschädigt. Daher muss der A dem B gemäß §§ 823 ff. Schadensersatz (Reparatur- und Behandlungskosten) leisten.

Die einzelnen Delikte lassen sich stets in einen **haftungsbegründenden** und einen **haftungsausfüllenden Tatbestand** aufteilen. Ersterer zeigt auf, *ob* überhaupt ein Anspruch aus einer unerlaubten Handlung entstanden ist und letzterer, *wie* der Schadensersatz konkret zu leisten ist. Das *Verhalten des Schädigers* muss *kausal* (ursächlich) für den Eintritt der Rechtsgutsverletzung und die konkrete Verletzung wiederum ursächlich für den genauen *Schaden* sein.

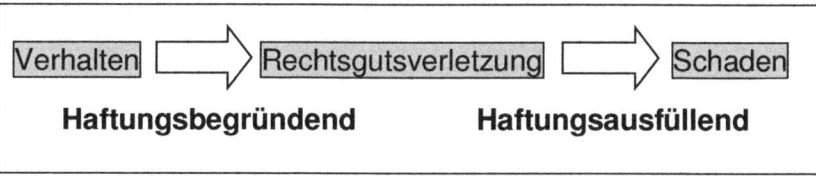

Verhalten ⟹ Rechtsgutsverletzung ⟹ Schaden

Haftungsbegründend   **Haftungsausfüllend**

A. Der haftungsbegründende Tatbestand des § 823 I

Schema: Der haftungsbegründende Tatbestand des § 823 I

I. Handeln oder Unterlassen einer Person
II. Verletzung eines geschützten Rechts oder Rechtsgutes
III. Kausalität des Handelns oder Unterlassens für den Eintritt des Schadens
IV. Rechtswidrigkeit
V. Verschulden durch Vorsatz oder Fahrlässigkeit

I. Das Handeln durch aktives Tun oder Unterlassen

Grundlage einer Haftung kann nur das **Handeln** einer Person sein. Allgemein wird der Begriff der Handlung als *jedes menschliche Tun, welches der Bewusstseinskontrolle und der Willenslenkung unterliegt, mithin beherrschbar ist*, definiert.

Beispiel 2: Wenn Autofahrer A in Beispiel 1 die Vorfahrtsregeln nicht beachtet, stellt dies eine Handlung dar. Ebenso, wenn jemand einem anderem einen Faustschlag versetzt. Hingegen liegt mangels Bewusstseinskontrolle keine Handlung vor, wenn jemand im Schlaf um sich schlägt.

Neben einem aktiven Tun kann auch ein **Unterlassen** den Tatbestand des § 823 I begründen, sofern die betreffende Person eine bestimmte *Garantenstellung* inne gehabt hat und ein solches Einschreiten *erforderlich* und *zumutbar* gewesen ist. Eine Garantenstellung kann sich aus dem *Gesetz*, aus *Vertrag* oder aus der *Verantwortlichkeit für bestimmte Gefahrenquellen* ergeben. Wer eine Gefahrenquelle schafft oder andauern lässt, muss alle entsprechend der Verhältnisse erforderlichen Sicherungsmaßnahmen zum Schutze anderer Personen treffen (Verkehrssicherungspflicht).

Beispiel 3: Ein Bauunternehmer, der durch Ausschachtungen neue Gefahrenherde schafft, hat dafür Sorge zu tragen, dass Personen auf seiner Baustelle nicht zu Schaden kommen. Aus dieser Verantwortung resultiert für den Unternehmer eine Verkehrssicherungspflicht zur ordnungsgemäßen Absicherung der Baustelle, um Schädigungen von Arbeitern und sonstiger Personen, die befugtermaßen in die Nähe der Gefahrenquelle kommen, zu vermeiden. Einbezogen sind auch solche Personen, die für den Bauunternehmer erkennbar mit der Gefahrenquelle in Berührung kommen können, aber die Gefahrenlage selbst nicht richtig einschätzen, beispielsweise Kinder. Auch wenn das Betreten der Baustelle durch das Aufstellen von Schildern als „verboten" herausgestellt wird, muss damit gerechnet werden, dass sich Kinder davon nicht abschrecken lassen.

Beispiel 4: Die Verkehrspflicht wird auch dann verletzt, wenn der im Winter vereiste Bürgersteig nicht gestreut oder die Flur-Beleuchtung eines Hauses nicht funktionsfähig gehalten wird, so dass ein Hausbewohner bzw. Passant stürzt und sich verletzt.

Beispiel 5: Der Inhaber eines Kaufhauses muss dafür Sorge tragen, dass der Boden nicht glatt ist damit niemand dort ausrutscht.

Beispiel 6: Ein Konzertveranstalter ist verpflichtet, dafür zu sorgen, dass die Konzertbesucher keine Gehörschäden durch übermäßig laute Musik erleiden.

Auch derjenige, der durch ein pflichtwidriges Vorverhalten (sog. *Ingerenz*) eine erhöhte Gefahrenlage schafft, hat eine Verkehrspflicht.

Beispiel 7: A fällt in unmittelbarer Nähe einer Landstraße einen Baum, ohne hierfür eine Erlaubnis zu besitzen. Dabei fallen einige größere Äste auf die Fahrbahn und gefährden den Verkehr auf längere Sicht erheblich. - Werden die auf die Fahrbahn gefallenen Äste kurz darauf ursächlich für einen Unfall, so ist Schwerpunkt der Vorwerfbarkeit das *aktive Tun* des A, nämlich das Fällen des Baumes. Hatte A hingegen noch ausreichend Gelegenheit, die Äste zu beseitigen, so ist auf ein Unterlassen des A abzustellen. A war aufgrund seines pflichtwidrigen Vorverhaltens dazu angehalten, die Äste von der Fahrbahn zu entfernen.

Wenn es um ein Unterlassen geht, sind in einer Klausur oder Hausarbeit stets drei Punkte zu prüfen:
1. Es muss für eine konkrete Gefahrenquelle eine *Verkehrssicherungspflicht* bestehen.
2. Der Anspruchsteller muss *befugtermaßen* mit der Gefahrenquelle in Berührung gekommen sein. Eine Ausnahme besteht allerdings bei Personen, welche die Gefahrenlage nicht erkennen können (z.B. Kinder).
3. Die Verkehrssicherungspflicht wird erfüllt, wenn der Verantwortliche das *Erforderliche* und *Zumutbare* unternimmt, um Gefahren für andere Personen auszuschließen.

Beispiel 8: Wenn der Bauunternehmer in *Beispiel 3* um die Grube und Maschinen herum einen Bauzaun bzw. ein Absperrgitter aufgestellt hat, hat er im Regelfall das erkennbar Erforderliche und Zumutbare getan.

Verkehrssicherungspflichten lassen sich nicht vertraglich ausschließen, insbesondere nicht in Allgemeinen Geschäftsbedingungen.

Beispiel 9: Der Inhaber eines Supermarktes kann gegenüber einer Kundin, die auf herumliegendem Gemüse ausgerutscht ist, regelmäßig nicht darauf verweisen, er habe nach seinen AGBs die Haftung ausgeschlossen, § 309 Nr. 7a).

II. Verletzung eines geschützten Rechts oder Rechtsgutes

Nicht jede Rechtsverletzung begründet gleichzeitig eine Haftung nach § 823 I. Das Gesetz zählt zunächst beispielhaft die wichtigsten Rechtsgüter auf, nämlich die Verletzung des Lebens, des Körpers, der Gesundheit, der Freiheit sowie des Eigentums.

Leben	Körper	Gesundheit	Freiheit	Eigentum	Sonstige
Verletzt bei Tötung	Eingriff in die körperl. Unversehrtheit	Innere Funktionen oder Wohlbefinden gestört	Körperl. Bewegungsfreiheit reduziert	Befugnisse aus § 903 BGB verl. Sonderfall: weiterfressende Mängel	- Besitz -Persönlichkeitsrecht - Gewerbebetrieb

1. Die Körperverletzung wird im Deliktsrecht als ein äußerer Eingriff in die körperliche Unversehrtheit eines Menschen definiert. **Gesundheitsverletzung** bedeutet – ähnlich wie im Strafrecht – eine Störung der körperlichen, geistigen oder seelischen Lebensvorgänge, wobei es insbesondere unerheblich ist, ob der Verletzte tatsächlich schon geboren war.

Beispiel 10: Auch die Leibesfrucht ist geschützt. Umstritten ist hingegen, ob die Schädigung des Ungeborenen zugleich eine Körperverletzung der Mutter darstellt. Argumentativ (jedoch keinesfalls analog!) ließe sich der Rechtsgedanke des § 93 heranziehen, sofern man das ungeborene Leben als eine Art „wesentlichen Bestandteil" der Mutter ansieht.

Schmerzen müssen bei einer Gesundheitsverletzung nicht aufgetreten sein.

Beispiel 11: Die Übertragung des HIV-Virus stellt eine Gesundheitsverletzung dar, auch wenn es noch nicht zum Ausbruch der Krankheit gekommen ist.

Ebenso kann die bloße *psychische Einwirkung* bereits eine Gesundheitsverletzung darstellen.

Beispiel 12: Führt ein in Folge eines Verkehrsunfalls erlittenes Schleudertrauma zu einer tiefgreifenden psychischen Fehlentwicklung des Verletzten, so kann der Verursacher auch für diesen Schaden haftbar gemacht werden. Es ist insbesondere unbeachtlich, ob der Verletzte bereits vor dem Unfall psychisch labil gewesen ist, denn der Verursacher muss grundsätzlich mit solchen bereits vorliegenden „schädlichen Anlagen" beim Verletzten rechnen.

2. Mit dem Begriff der **Freiheitsverletzung** ist vor allem der Entzug der körperlichen Bewegungsfreiheit (vgl. § 239 StGB) gemeint.

3. Der Begriff des **Eigentums** umfasst das Herrschaftsrecht an einer Sache. Gem. § 903 S.1 kann der Eigentümer (anders als der Besitzer!) mit der Sache grundsätzlich nach Belieben verfahren und andere von der Einwirkung ausschließen.

Beispiel 13: Der Mieter einer Wohnung hat bloßen *Besitz* an dieser Sache, d. h. er ist beim Ausüben der tatsächlichen Gewalt durch die Interessen des Eigentümers beschränkt und kann diesem gegenüber auf verschiedene Weise haften. Der *Besitz* ist als geschütztes Rechtsgut nicht ausdrücklich in § 823 I aufgeführt, jedoch im Ergebnis als „sonstiges Recht" ebenfalls geschützt (dazu später).

Das Eigentum kann sowohl durch *Sachentzug*, z. B. Diebstahl oder Unterschlagung, als auch durch eine *Substanzverletzung* geschädigt werden.

Beispiel 14: A zerkratzt mit seinem Schlüssel den Lack des PKW des B und beschädigt so die Substanz. Dann entwendet A die Reifen des Wagens.

12

Besonders klausurrelevant sind jedoch die Fälle, in denen eine beschädigte Sache durch weitere Verwendung zu einem Schaden an einer Sachgesamtheit führt (sog. *„weiterfressender Mangel"*).

Beispiel 15: Ein fehlerhaftes Steuergerät in einer Maschine führt zu einem Kurzschluss, in Folge dessen die Maschine in Brand gerät und zerstört wird.

Beispiel 16: Käufer K kauft bei Händler H einen gebrauchten Sportwagen, der mit mangelhafter Bereifung versehen ist. Bei hohem Tempo platzt ein Reifen, der Sportwagen erleidet einen Totalschaden.

Es wird unterschieden:

- Die Lieferung oder Herstellung einer fehlerhaften Sache stellt niemals eine Eigentumsverletzung dar. Für solche Fälle gelten die besonderen Regeln der Sachmängelgewährleistung (§§ 434 ff. und §§ 633 ff.). In diesem Fall ist lediglich das sog. *Äquivalenzinteresse* des Käufers verletzt.

- Ebenso liegt keine Eigentumsverletzung vor, wenn der entstandene Schaden mit dem ursprünglichen Mangel stoffgleich ist. Auch hier ist lediglich das sog. *Äquivalenzinteresse* des Käufers verletzt.

- Ein „weiterfressender Mangel" liegt dagegen vor, wenn an einer Sache ein Schaden verursacht wird, der mit dem ursprünglichen Mangelunwert *nicht stoffgleich* ist. In diesem Fall ist das sog. *Integritätsinteresse* des Käufers verletzt.

Äquivalenzinteresse **Keine Eigentumsverletzung** -> Stoffgleichheit Mangel- unwert/Schaden		Integritätsinteresse **Eigentumsverletzung** -> keine Stoffgleichheit Mangelunwert/Schaden

Beispiel 17: Das in *Beispiel 15* genannte fehlerhafte Steuerungsteil ist als *selbstständige Sache* anzusehen. Das Steuerelement kann jederzeit in wirtschaftlich vertretbarer Weise aus der Maschine ausgebaut und ersetzt werden. Die Zerstörung der Maschine selbst ist also nicht mehr stoffgleich mit dem ursprünglichen, lediglich am Steuerungselement vorhandenen Mangelunwert. Aus diesem Grund liegt ein *weiterfressender Mangel* vor, der eine Eigentumsverletzung an der Maschine darstellt.

Beispiel 18: Eine Eigentumsverletzung ist ebenfalls gegeben in *Beispiel 16* in Bezug auf den Sportwagen: Hier hat sich der Mangel von den Autoreifen auf das ansonsten intakte Eigentum (Sportwagen) „weitergefressen". Betroffen ist also das Integritätsinteresse. Eine Eigentumsverletzung an den *Reifen* ist hingegen nicht gegeben, da diese von vorneherein mangelhaft waren. Bezüglich der Reifen ist also lediglich das *Äquivalenzinteresse* des K verletzt.

Beispiel 19: H ist Hersteller von elektronischen Reglern für die Automobilindustrie und bezieht bei B mehrere Kondensatoren, welche von H in die Regler eingebaut werden. Nach erfolgtem Einbau zeigt sich, dass die Kondensatoren mangelhaft gewesen sind. Es kommt zu Funktionsstörungen der Regler; andere Einbauteile werden durch die fehlerhaften Kondensatoren allerdings zunächst nicht beschädigt. Die Einbauteile werden erst dadurch beschädigt, dass H in wirtschaftlich vertretbarer Weise die Kondensatoren austauschen lässt. Liegt eine Eigentumsverletzung an den Einbauteilen vor?

Lösung: Im Zeitpunkt des *Einbaus* der Kondensatoren ist noch keine Eigentumsverletzung gegeben, da weitere Einbauteile noch nicht beschädigt gewesen sind. Gleichwohl liegt im Zeitpunkt der *Trennung* eine Eigentumsverletzung an den bisher unversehrten Einbauteilen vor, da ein Ausbau der Kondensatoren notwendig mit einer Beschädigung der übrigen Teile einhergehen musste.

Wenn beim Abnehmer einer vertraglichen Leistung aufgrund der Mangelhaftigkeit der gelieferten Sache ein weiterer Schaden am Eigentum des Bestellers eintritt, welcher durch die ordnungsgemäße vertragliche Leistung gerade verhindert werden sollte, kann ebenfalls eine Eigentumsverletzung vorliegen.

Beispiel 20: Die von Dachdecker D gekauften Folien zur Abdichtung des noch nicht fertig gestellten Daches erweisen sich als undicht, so dass Wasser eintritt und Teile des bereits (mangelfrei) hergestellten Dachgiebels beschädigt. – Durch die Verwendung der Folien sollte gerade verhindert werden, dass einwandfreie Teile des Daches beschädigt werden (Schutz des Integritätsinteresses). Daher kann der Käufer der Folien (D) neben vertraglichen Gewährleistungsansprüchen auch deliktische Ansprüche geltend machen.

Wird lediglich der **Gebrauch einer Sache beeinträchtigt**, kann eine Eigentumsverletzung nur unter engen Voraussetzungen geltend gemacht werden. Die technische Brauchbarkeit der Sache darf nicht nur *vorübergehend* aufgehoben sein.

Beispiel 21: Die Stadt S führt eines Tages Straßenarbeiten durch, wobei durch eine Nachlässigkeit vergessen wurde, die Anwohner rechtzeitig hiervon in Kenntnis zu setzen. A kann wegen dieser Arbeiten seinen Pkw zwei Tage lang nicht nutzen, weil der Zugang zu seiner Hofeinfahrt versperrt ist. A muss auf öffentliche Verkehrsmittel umsteigen. A macht geltend, dass er im Falle der Kenntnis von den Bauarbeiten sein Auto an anderer Stelle geparkt hätte, um von dort das Auto weiterhin nutzen zu können. Ist er in seinem Eigentum verletzt?

Lösung: Die Stadt S hat die Zusperrung der Hofeinfahrt des A durch die unangekündigten Baumaßnahmen verursacht, mit der Folge, dass A seinen Pkw nicht mehr rechtzeitig umsetzen konnte. Eine Substanzverletzung oder ein Entzug des Eigentums am Pkw liegen jedoch ersichtlich nicht vor. Ebenso wenig hat die Stadt S unmittelbar auf das Eigentum des A eingewirkt. Eine solche unmittelbare Einwirkung ist jedoch zur Bejahung einer Eigentumsverletzung *nicht* erforderlich. Entscheidend ist vielmehr lediglich, dass als mittelbare Folge der Handlung die *technische Brauchbarkeit* des Eigentums des A nicht nur vorübergehend aufgehoben worden ist. Dies kann im vorliegenden Falle bei zweitägiger Nichtnutzung des Pkw unproblematisch bejaht werden.

Beispiel 22: Reeder R hat sich vertraglich verpflichtet, mit seinem Schiff eine auf einer Wasserstraße des Bundes gelegene Mühle anzufahren. Durch einen Dammbruch, der auf ein Verschulden des Bundes zurückzuführen ist sowie eine daraus resultierende Sperrung der Wasserstraße ist die Mühle jedoch für längere Zeit vom Zugang abgeschnitten und kann nicht mehr angefahren werden. Auf das Verlangen des R nach Schadenersatz wendet der Bund ein, dass R sein Schiff weiterhin frei nutzen konnte und lediglich die Mühle für ihn nicht mehr erreichbar gewesen sei. Ist eine Eigentumsverletzung bei R gegeben?

Lösung: Natürlich ist infolge des Dammbruchs die Brauchbarkeit des Schiffes eingeschränkt worden und im Hinblick auf die konkrete Nutzung, nämlich das Ansteuern der Mühle, sogar aufgehoben worden. Die Benutzung des Schiffes als Transportmittel (technische Brauchbarkeit) ist jedoch grundsätzlich weiterhin möglich gewesen! Diese technische Brauchbarkeit bestand auch im Zeitpunkt der Sperrung der Wasserstraße unvermindert fort. Da nur das Eigentum, nicht aber Gewinnerwartungen von § 823 I geschützt werden sollen, kann ein deliktischer Anspruch auch nur bei *vollständiger Gebrauchsuntauglichkeit* der Sache gegeben sein. Es liegt daher im vorliegenden Fall keine Verletzung des Eigentums vor.

Merksatz: Wird die Benutzung einer Sache *unmöglich* gemacht, so liegt eine Eigentumsverletzung vor. Keine Eigentumsverletzung ist gegeben, wenn es sich lediglich um eine *Einschränkung des Gebrauchs* handelt.

An dieser Stelle ist es erforderlich, zwischen dem Begriff des *Eigentums* (§ 903) und dem des *Vermögens* zu unterscheiden. Fallen Verdienstmöglichkeiten weg, etwa durch Bruch der vertraglichen Beziehungen, kann ein sog. *Vermögensschaden* entstehen. Ein *reiner Vermögensschaden* kann jedoch im Rahmen des § 823 I nicht geltend gemacht werden! Vermögensschäden werden nur ersetzt, wenn sie die Folge der Verletzung eines Rechtsguts oder Rechts i.S.d. § 823 I sind.

Beispiel 23: In *Beispiel 22* kann R also *nicht* mit der Begründung, sein Auftraggeber sei „abgesprungen" und ihm sei also wegen der Sperrung der Wasserstraße ein Vermögensschaden entstanden, Schadensersatz vom Bund gemäß § 823 I fordern! Er müsste vielmehr darlegen können, dass er in seinem *Eigentum* oder in einem *sonstigen Recht* verletzt worden ist.

Merksatz: Das *Vermögen selbst* ist kein durch § 823 I geschütztes Recht!

4. Zu den **sonstigen Rechten** des § 823 I zählen:

a) Beschränkte dingliche Rechte wie Nießbrauch (§§ 1030, 1065), Pfand- und Grundpfandrechte (z. B. Hypothek, § 1113)

b) Immaterialgüterrechte wie das Patentrecht oder andere gewerbliche Schutzrechte

c) Dingliche Anwartschaftsrechte (§§ 929, 158)

d) Mitgliedschaftsrechte, z. B. Geschäftsanteile an einer GmbH

16

e) Das allgemeine Persönlichkeitsrecht

Das allgemeine Persönlichkeitsrecht ist gem. Art. 1 i.V.m. Art. 2 I GG verfassungsmäßig geschützt. Dieser Schutz wird auf zivilrechtlicher Ebene durch die Einordnung als „sonstiges Recht" erreicht. Zu unterscheiden sind folgende Fallgruppen:

• Eindringen in die Privatsphäre

Beispiel 24: Fotograf F fotografiert heimlich den mit seiner Geliebten G im Privat-Schwimmbad planschenden Prominenten P und lässt ein Tonband mitlaufen, welches das Gespräch des P mit G aufnimmt.

• Weitergabe aus fremder Privatsphäre

Beispiel 25: Journalist J veröffentlicht die Privatbriefe und Tagebuchaufzeichnungen des P.

• Verletzung der Ehre

Beispiel 26: Journalist J behauptet in einem Zeitungsartikel, der P sei regelmäßiger Bordellbesucher. Außerdem sehe der P völlig „abgewrackt und heruntergekommen" aus; offenbar sei er an AIDS erkrankt.

Wird das *Recht am eigenen Namen* oder am *eigenen Bild* beeinträchtigt, greifen Sondervorschriften (§ 12 BGB, § 22 Kunst UrhG) ein, das allgemeine Persönlichkeitsrecht ist dann *subsidiär*. Bedeutung erlangt das allgemeine Persönlichkeitsrecht insbesondere durch den Schutz vor unwahren Tatsachenbehauptungen. Erfasst werden jedoch nur Behauptungen, die auch *ehrenrührig* sind, d. h. die *Diffamierung einer Person* (= Schmähkritik) zum Ziel haben und nicht nur eine bloße *Meinungsäußerung* darstellen.

Besonderheiten ergeben sich in der Form des Schadenersatzes: Die betroffene Person kann über § 823 I auch den *Widerruf* der betreffenden Behauptung in angemessener Form verlangen. Zudem besteht parallel zu § 823 I auch ein Anspruch auf *Beseitigung der Störung* der Privatsphäre nach § 1004 I analog.

Ob eine Verletzung des allgemeinen Persönlichkeitsrechtes gegeben ist, ist in jedem Fall durch eine **umfassende Güter- und Interessenabwägung** festzustellen. In dieser Abwägung sind auch Grundrechte des Schädigers, beispielsweise aus Art. 5 I GG (Meinungsfreiheit) zu berücksichtigen. Je mehr sich der Abgebildete selbst in die Öffentlichkeit gestellt hat, desto geringer ist sein Schutz vor Darstellung in der Öffentlichkeit. Am stärksten ist der Schutz dann, wenn *Schmähkritik*, *Beleidigungen* oder *unwahre Tatsachenbehauptungen* verbreitet werden, während Überspitzungen und Satire noch hinzunehmen sein können.

Auch nach dem *Tod* kann das Persönlichkeitsrecht als „allgemeiner Wert- und Achtungsanspruch" fortbestehen. Die Dauer dieses postmortalen Schutzes richtet sich insbesondere nach der Bedeutung, welche die betroffene Person für die Nachwelt hat und kann mitunter mehrere Jahrzehnte betragen.

f) Das Recht am eingerichteten und ausgeübten Gewerbebetrieb

Hierbei handelt es sich ebenfalls nur um ein Rahmenrecht, d. h., es ist über § 823 I nur anzuwenden, wenn keine *spezielleren* Vorschriften eingreifen. Zu den spezielleren Regelungen zählen neben § 823 II und § 824 insbesondere auch die in § 823 I ausdrücklich aufgezählten Rechte, z. B. das Eigentum! Dem Begriff des *Gewerbebetriebes* unterfallen nach der Rechtsprechung nur kaufmännische Einrichtungen, nicht aber Arbeitseinrichtungen freiberuflich Tätiger (z. B. Anwaltspraxen). In der Literatur ist diese Unterscheidung jedoch sehr umstritten.

Beispiel 27: Typische Beispiele für einen Eingriff in den eingerichteten und ausgeübten Gewerbebetrieb sind unberechtigte Streiks, Aufrufe zum Boykott.

Wesentliches Merkmal für einen Eingriff in den Gewerbebetrieb ist die *Betriebsbezogenheit* des Handelns.

Beispiel 28 (Abwandlung zu Beispiel 22): R, der Eigentümer des Schiffes, betreibt einen Gewerbebetrieb, dessen Kern die Lieferung von Waren darstellt. Durch die Sperrung der Wasserstraße erleidet R erhebliche Umsatzeinbußen. - Wie im Ausgangsfall dargestellt, ist das Eigentum des R nicht betroffen worden, da das Schiff weiterhin als Transportmittel genutzt werden kann. Gleichwohl kann R seinen Betrieb nicht mehr im gewohnten Maße aufrechterhalten. Die Sperrung der Wasserstraße stellt also einen Eingriff in den Gewerbebetrieb des R dar, wobei dieser Eingriff sich auch gegen die Grundlage des Betriebes, nämlich den Handel mit Waren mittels Nutzung der Wasserwege, richtet. Somit ist das Schutzgut des eingerichteten und ausgeübten Gewerbebetriebes durch den Bund verletzt worden.

Beachte: Werden nur einzelne, ablösbare Rechte betroffen wie z. B. einzelne Fahrzeuge, deren Nutzung nicht die Grundlage des Betriebes bildet, so wird die Betriebsbezogenheit zu verneinen sein. Sie liegt nur vor, wenn der Betrieb als solcher zumindest ernstlich beeinträchtigt wird!

Da es sich auch beim Recht des eingerichteten und ausgeübten Gewerbebetriebs um ein Rahmenrecht handelt, sind im Wege einer umfassenden **Interessenabwägung** stets die Grundrechte Dritter (Art. 5 I GG) zu berücksichtigen.

Beispiel 29: Die Kritik an der Unternehmenspolitik im Rahmen einer Fernsehsendung ist auch bei ausdrücklicher Namensnennung des Unternehmens grundsätzlich von der Meinungsäußerungsfreiheit nach Art. 5 I GG gedeckt, solange sich die aufgestellten Behauptungen als wahr herausstellen.

g) Der Besitz

Auch der Besitz kann ein sonstiges Recht darstellen, soweit der Besitzer eine „eigentümerähnliche" Stellung inne hat und der Besitz tatsächlich wie ein absolutes Recht gegen Jedermann wirkt. In diesem Zusammenhang ist zwischen dem *unmittelbaren* und dem *mittelbaren* Besitz zu unterscheiden.

Beispiel 30: Der unmittelbare Besitz wird in § 854 als die *tatsächliche Sachherrschaft* definiert. Mittelbarer Besitzer hingegen ist derjenige, der einem anderen einen von ihm abgeleiteten Besitz verschafft. Zur Verdeutlichung: Der Mieter einer Wohnung ist unmittelbarer Besitzer, da er die tatsächliche Sachherrschaft über die Wohnung ausübt. Der Vermieter hingegen hat selbst keinerlei Sachherrschaft. Er hat dem Mieter jedoch vertraglich den unmittelbaren Besitz an der Wohnung vermittelt, so dass er selbst als mittelbarer Besitzer anzusehen ist.

Vor Eingriffen *Dritter* schützt § 823 I nicht nur den unmittelbaren, sondern auch den mittelbaren Besitz. Denn in beiden Fällen kann der Besitzer auf die Besitzschutzvorschriften der §§ 858 ff. zurückgreifen.

Der *mittelbare Besitzer* kann sich gegenüber dem *unmittelbaren Besitzer* jedoch nicht auf § 823 I berufen. Grund: Gem. § 869 kann sich der mittelbare Besitzer nur dann auf die Besitzschutzvorschriften berufen, wenn gegen den unmittelbaren Besitzer verbotene Eigenmacht ausgeübt wird.

Umgekehrt bedeutet dies, dass der mittelbare Besitzer nicht vor Handlungen des unmittelbaren Besitzers geschützt sein soll. Diese Wertung ist auch auf das Deliktsrecht zu übertragen, so dass § 823 I in diesem Falle nicht anwendbar ist.

III. Die Ursächlichkeit des Handelns für den Eintritt des Schadens

Der Verletzungserfolg muss „durch" eine Handlung herbeigeführt, also verursacht worden sein. Die Ursächlichkeit wird auch als **Kausalität** bezeichnet. Nachdem eine Rechtsgutsverletzung (II.) festgestellt worden ist, wird die Kausalität folgendermaßen ermittelt:

1. Nach der **Äquivalenztheorie** ist ein *positives Tun* ursächlich, wenn es nicht *hinweggedacht* werden kann, ohne dass der Erfolg entfiele (*conditio sine qua non*). Ein *Unterlassen* ist ursächlich, wenn es nicht *hinzugedacht* werden kann, ohne dass der Erfolg mit an Sicherheit grenzender Wahrscheinlichkeit entfiele.

Beispiel 31: Der Schuss aus einer Pistole führt Verletzungen beim Opfer herbei. Das Abgeben des Schusses wäre nach der Äquivalenztheorie aber auch ursächlich für sämtliche Folgeschäden, die erst durch die weitere Behandlung des Verletzten entstehen (z. B. Blutvergiftung durch die Transfusion von verunreinigtem Blut im Krankenhaus), denn der Schuss kann nicht hinweggedacht werden, ohne dass alle diese Folgeschäden entfielen.

Falls *mehrere Ursachen* durch ihr Zusammenwirken den Erfolg herbeiführen, ist jedes Handeln für den Eintritt des Erfolges ursächlich.

Beispiel 32: Bekanntes Beispiel ist die Beimengung von Gift in ein Getränk durch zwei voneinander unabhängig agierende Personen, wobei nur das Zusammenwirken beider Dosen, nicht aber jede Dosis allein für das Opfer lebensgefährlich wirkt.

Die Anwendung der Äquivalenztheorie allein reicht in vielen Fällen jedoch nicht aus, da ansonsten eine nahezu uferlose Haftung geschaffen würde.

Beispiel 33: Nach der reinen conditio-sine-qua-non-Formel wäre beispielsweise eine Brauerei verantwortlich für den späteren Alkoholmissbrauch ihrer Hausmarke.

---

2. Nach der Kausalität ist stets auch die **Adäquanz** zu prüfen. Hierbei wird darauf abgestellt, ob die Verletzung des konkreten Rechtsgutes für einen neutralen Beobachter als *nicht ganz fernliegend* erscheint. So soll der Schädiger nicht für die Schäden haften, die *außerhalb jeder Lebenswahrscheinlichkeit* liegen.

Demnach sind außergewöhnliche, objektiv nicht voraussehbare Folgen nicht umfasst.

3. Eine differenziertere Betrachtung wiederum ermöglicht die **Theorie vom Schutzzweck der Norm:** In der Rechtsverletzung muss sich gerade das vom Schädiger gesetzte *besondere Risiko* verwirklicht haben.

Beispiel 34: A verursacht einen Unfall, durch den O schwer verletzt wird. Als O im Krankenhaus liegt, wird ihm von einem Unbekannten die Brieftasche gestohlen. Kann der Diebstahl der Brieftasche dem A zugerechnet werden?

Lösung: Der Diebstahl der Brieftasche steht vorliegend in keinem näheren Zusammenhang mit den durch den Unfall erlittenen Verletzungen. Insbesondere ist die Eigentumsverletzung durch das vorsätzliche Verhalten eines Dritten herbeigeführt worden. Solche Fälle sind in aller Regel nicht mehr vom Schutzzweck des § 823 erfasst. Anders kann sich die Lage nach der Rechtsprechung des BGH jedoch gestalten, wenn dem O noch am Unfallort ein Geldkoffer gestohlen worden wäre, den O auf dem Beifahrersitz deponiert hat und der infolge des Unfalls beschädigt und unbewacht gewesen ist.

In diesem Zusammenhang sind auch die sog. „**Herausfordererfälle**" von großer Bedeutung. Für welche Folgeschäden ist eine Person haftbar, die ein gefahrerhöhendes Verhalten des Verletzten *herausgefordert*, den Schaden jedoch *nicht unmittelbar* verursacht hat? Eine Zurechnung wird in Fällen der *mittelbaren Kausalität* bejaht, wenn folgende Voraussetzungen erfüllt sind:

- Der Verletzte muss von der verantwortlichen Person zu einem bestimmten Verhalten *herausgefordert* worden sein.
- Der Zweck der herausgeforderten Handlung und die möglichen, sich aus der Handlung ergebenden Risiken müssen in einem *angemessenen Verhältnis* gestanden haben.
- Die herausgeforderte Handlung führte für den Verletzten zu einem erhöhten Risiko, welches über das *allgemeine Lebensrisiko* hinausging.

Beispiel 35: Die Flucht des Diebes D führt dazu, dass der ihn verfolgende Polizist P auf einer steilen Treppe stolpert und sich den Arm bricht. Kann der Polizist vom Dieb Schadensersatz (Behandlungskosten) verlangen?

Lösung: Ein Anspruch des P gegen D könnte sich aus § 823 I ergeben.
1. Eine Körper- und eine Gesundheitsverletzung ist bei P gegeben.
2. Die Flucht des D war auch kausal für den Armbruch, da sie nicht hinweggedacht werden kann, ohne dass der Armbruch des P entfiele.

3. Zurechenbarkeit? Der Dieb hat hier durch seine Flucht die Verfolgung durch den Polizisten *herausgefordert*. Die Entscheidung des Polizisten, die Treppe zu benutzen, und der darauf folgende Sturz sind unmittelbare Folgen der Flucht gewesen und dem Dieb als *verfolgungstypisches Risiko* zurechenbar.

Beispiel 36: Anders ist jedoch die Rechtslage, wenn der Polizist einen feuchten Rasen überquert, ausrutscht und sich hierbei verletzt. Dies wird dem *allgemeinen Lebensrisiko* zugerechnet.

Beispiel 37: Fasst der Polizist wiederum den Entschluss, einem Dieb, der aus mehreren Metern Höhe aus einem Fenster springt, ohne näheres Überlegen hinterher zu springen, beruht das gefahrerhöhende Verhalten auf einer selbstständigen Handlung des Polizisten. Zweck der Verfolgung und Risiko standen nur dann in einem *angemessenen Verhältnis*, wenn dem Polizisten im Rahmen seiner Dienstpflichten keine andere Wahl blieb. Dies ist beispielsweise zu verneinen, falls es sich nur um ein *geringfügiges* Delikt handelt und die Adresse des Täters der Polizei bekannt ist.

Im Zusammenhang mit der Zurechnung stellt sich auch die Frage, für welche einzelnen Schäden der Verursacher überhaupt haftbar gemacht werden kann. Die Problematik zeigt sich insbesondere bei Verletzungen, die das Opfer aufgrund eines **Schocks** erleidet. Wie oben bereits erläutert, stellen auch psychische Beeinträchtigungen, die durch einen Nervenschock auftreten, eine Körperverletzung dar, sofern ihnen ein gewisser Krankheitswert beigemessen werden kann. Entscheidend für die Frage der Zurechenbarkeit ist lediglich, ob der Verursacher mit diesen Folgeschäden im Zeitpunkt der unerlaubten Handlung *hätte rechnen können*.

Beispiel 38: Autofahrer A wird durch einen von B verschuldeten Unfall verletzt und erleidet einen Schock. Als die Frau des A vom Unfall erfährt, erleidet sie einen Nervenzusammenbruch. – B haftet auch für die psychischen Schäden, die der A oder auch ein naher Angehöriger als Folge des Unfalls erleidet. Zu dem Kreis der nahen Angehörigen gehören auch Verlobte und nichteheliche Lebensgefährten. Andere Personen (insbesondere nicht am Unfall beteiligte Passanten) werden nach h. M. jedoch nicht geschützt.

IV. Die Rechtswidrigkeit

Nach der herrschenden Lehre vom Erfolgsunrecht ist jedes Verhalten rechtswidrig, das zu einer Verletzung der in § 823 I genannten Rechte führt. Der eingetretene Erfolg *indiziert* also bereits die Rechtswidrigkeit, es sei denn, es greifen Rechtfertigungsgründe ein. Rechtfertigungsgründe sind:

- **Notwehr** (§ 227)
- **Defensiver Notstand** (§ 228)
- **Selbsthilfe** (§ 229)
- **Notstand** (§ 904)
- **Übergesetzlicher Notstand**
- **Verkehrsrichtiges Verhalten**
- **Einwilligung; mutmaßliche Einwilligung**
- **Handeln auf eigene Gefahr**

1. Die Definitionen der Notwehr und des Notstandes decken sich im Wesentlichen mit denen der entsprechenden strafrechtlichen Normen.

2. Im Straßenverkehr kann auch ein *verkehrsrichtiges* (= **sozialadäquates**) Verhalten die Rechtswidrigkeit ausschließen. Nach dem BGH trägt der Schädiger die Beweislast dafür, dass er die Verkehrsregeln und die erforderliche Sorgfalt beachtet hat, sofern man eine Haftung nicht schon wegen fehlender Fahrlässigkeit ablehnt.

3. Die **Einwilligung des Verletzten** in die Rechtsgutverletzung kann die Rechtswidrigkeit ausschließen, wenn sie nicht gegen ein gesetzliches Verbot oder die *guten Sitten* verstößt.

Beispiel 39: A möchte nicht zur Bundeswehr. Damit er ausgemustert wird, bittet er B, dass dieser ihm einen Finger abschneidet. – Hier hat der A zwar in die Körperverletzung eingewilligt. Diese Einwilligung verstößt jedoch gegen die guten Sitten (vgl. § 228 StGB).

24

4. Ärztliche Heileingriffe, welche nach h. M. tatbestands-
mäßig eine Körperverletzung darstellen, können nur dann
gerechtfertigt sein, wenn sie von einer Einwilligung des
Patienten gedeckt sind.

Beispiel 40: Der Arzt A operiert den B. – Tatbestandlich ist eine Körperverletzung gegeben. Die Rechtswidrigkeit entfällt jedoch, wenn B wirksam
eingewilligt hat. Voraussetzung für eine wirksame Einwilligung des B ist
allerdings, dass der Arzt ihn über die *Bedeutung und Tragweite des
Eingriffs* aufgeklärt hat. Hat der Arzt das nicht, so ist die Einwilligung des B
unwirksam. Konnte der Arzt nicht aufklären, weil der Patient (z.b. nach
einem Unfall) bewusstlos war, so kommt eine Rechtfertigung wegen mut-
maßlicher Einwilligung in Betracht.

V. Das Verschulden

1. Die Person muss zunächst **verschuldensfähig** sein. Nicht
verschuldensfähig ist gemäß § 828 I der Minderjährige unter
7 Jahren sowie gemäß § 827 S.1 derjenige, der im Zustand
der Bewusstlosigkeit oder in einem die freie Willensbildung
ausschließenden Zustand krankhafter Störung der Geistes-
tätigkeit gehandelt hat, es sei denn, er hat diesen Zustand
selbst herbei geführt (§ 827 S.2).

Minderjährige zwischen 7 und 18 Jahren sind nur dann
verschuldensfähig, wenn sie bei Begehung der Handlung die
zur Erkenntnis der Verantwortlichkeit erforderliche *Einsicht*
hatten (§ 828 III).

Beispiel 41: Albert (6 Jahre), Moritz (8 Jahre) und Klaus (15 Jahre)
machen ein Lagerfeuer 3 Meter entfernt von einem Gartenhäuschen.
Einige Funken führen zu einem Brand des Gartenhäuschens. Da es nun
völlig abgebrannt ist, verlangt der Eigentümer E Ersatz seines Schadens in
Höhe von 2.500 Euro aus § 823 I. Zu Recht?

Lösung:
1. Das *Eigentum* des E ist durch den Brand zerstört worden, die
Verletzung eines der in § 823 I genannten Rechtsgüter damit gegeben.
2. *Ursächlich* war das Feuermachen der drei Jungen in unmittelbarer Nähe
des Gartenhäuschens.
3. Es müsste ein *Verschulden* der drei Jungen vorliegen. Voraussetzung
ist, dass Albert, Moritz und Klaus *verschuldensfähig* sind. Der sechsjährige
Albert ist gemäß § 828 I nicht verschuldensfähig.

Die Verantwortlichkeit von Moritz und Klaus hängt nach § 828 III von ihrer *konkreten Einsichtsfähigkeit* ab. Während die Einsichtsfähigkeit beim 8-jährigen Moritz zweifelhaft erscheint, dürfte sie beim 15-jährigen Klaus zu bejahen sein. Klaus hat auch die erforderliche Sorgfalt außer acht gelassen, indem er in unmittelbarer Nähe des Gartenhäuschens ein Feuer entfachte. Damit hat Klaus fahrlässig gehandelt, ein Verschulden von Klaus ist gegeben. Der E kann daher von Klaus Schadensersatz in Geld nach §§ 823 I, 249 II 1 verlangen. Bei Albert und Moritz ist § 832 und § 829 zu prüfen!

2. § 823 I setzt ein **Verschulden** des Schädigers voraus.

Schuldhaftes Handeln kann entweder *vorsätzlich* oder *fahrlässig* erfolgen. Der Begriff der Fahrlässigkeit ist in **§ 276 II** definiert: **Fahrlässig** handelt, wer die im Verkehr erforderliche Sorgfalt außer Acht lässt.

Beispiel 42: In *Beispiel 1* (S. 7) hat der Autofahrer A fahrlässig die Vorfahrt missachtet und daher schuldhaft gehandelt.

Beispiel 43: Ein Autofahrer hat auf einer Straße mit einer Geschwindigkeitsbegrenzung von 30 km/h und der erhöhten Wahrscheinlichkeit des Auftauchens spielender Kinder besondere Vorsicht walten zu lassen. Tut er das nicht, so handelt er fahrlässig.

Dem gegenüber knüpfen bestimmte Normen wie z.B. § 833 (Haftung des Halters eines Luxustiers) und § 7 StVG (Haftung des Halters eines KfZ) an die sog. *Gefährdungshaftung* an, d. h. die bloße Verwirklichung eines Risikos oder das Schaffen einer erhöhten Gefahr führt bereits die Verantwortlichkeit für den eingetretenen Schaden herbei.

Beispiel 44: Wenn in *Beispiel 1* (S. 7) der A der Halter des PKW ist, mit welchem er den Unfall verursacht hat, so haftet er nach § 7 StVG (nicht aber nach § 823 I !) grds. auch dann, wenn er *ohne Verschulden* gehandelt hat.

Vorsatz ist das Wissen und Wollen der Herbeiführung des Tatbestanderfolges bei gleichzeitiger Kenntnis der Rechtswidrigkeit des Handelns.

Beispiel 45: Vorsätzlich handelt, entsprechend der strafrechtlichen Definition, also auch, wer den Schaden *billigend in Kauf nimmt.*

3. In bestimmten Fällen kann auch eine sog. **Billigkeitshaftung** gem. § 829 in Betracht kommen. Wer an sich nach den §§ 827, 828 verschuldensunfähig ist, kann nach den Umständen des Einzelfalls dennoch schadenersatzpflichtig sein, sofern Schadenersatz nicht von einem aufsichtspflichtigen Dritten erlangt werden kann und die besonderen Verhältnisse der Beteiligten, deren wirtschaftliche Situation sowie die Besonderheiten der unerlaubten Handlung selbst dies nahe legen.

B. Haftungsausfüllender Tatbestand: Die Art und der Umfang des Schadensersatzes

Nachdem in einer Klausur oder Hausarbeit der haftungsbegründende Tatbestand einschließlich Verschulden (V.) durchgeprüft und bejaht worden ist, verweist man auf die Rechtsfolge des § 823 I und schreibt: „VI. Rechtsfolge ist, dass A dem B Schadensersatz zu leisten hat".

I. Schaden

Zunächst ist festzustellen, ob der Geschädigte überhaupt einen *Schaden* erlitten hat.

> Unter einem **Schaden** versteht man jede Vermögenseinbuße, die durch einen Vergleich der Vermögenslage *vor* und *nach* dem schädigenden Ereignis ermittelt wird.

Der zu leistende Schadenersatz umfasst grundsätzlich alle Folgen, welche durch die vorangegangene Pflichtverletzung entstanden sind. Der Geschädigte ist so zu stellen, als wäre das schädigende Ereignis nicht eingetreten.

II. Die Kausalität

Während im haftungsbegründenden Tatbestand die Ursächlichkeit Verhalten -> Rechtsgutsverletzung geprüft wurde, muss hier die Ursächlichkeit zwischen Rechtsgutsverletzung -> Schaden untersucht werden. Dabei wird die *Äquivalenztheorie* herangezogen.

Beispiel 46: A schlägt den B brutal zusammen. Der verletzte B muss zwei Wochen im Krankenhaus liegen, wodurch Behandlungskosten von 4.000 € entstehen. – Die Schläge des A waren kausal für die Verletzung des B, da sie nicht hinweggedacht werden können, ohne dass die Verletzung des B entfiele (haftungsbegründend). Die Verletzung des B wiederum war kausal für den Schaden (haftungsausfüllend). Wäre B nämlich nicht verletzt worden, hätte er nicht im Krankenhaus behandelt werden müssen und die 4.000 € wären nicht angefallen.

Auch im Bereich der haftungsausfüllenden Kausalität ist auf die *Adäquanztheorie* unter Berücksichtigung des jeweiligen *Schutzzwecks* der Norm abzustellen. Der geltend gemachte Schaden muss nach seiner Art und den Umständen seiner Entstehung unter den Schutzzweck der verletzten Norm fallen und demnach zu der vom Schädiger pflichtwidrig geschaffenen Gefahrenlage in einem inneren Zusammenhang stehen.

Beispiel 47: In Beispiel 46 muss der A dem B neben den Behandlungskosten auch die Kosten der Rechtsverfolgung, insbesondere Anwaltskosten, ersetzen. Diese stehen in einem inneren Zusammenhang mit der Verletzung.

Beispiel 48: Geschäftsmann G wird durch einen Stau, den Autofahrer A verursacht hat, in seiner „Freiheit" verletzt. G kommt nicht mehr rechtzeitig zu seinem Meeting. Infolgedessen „platzt" der vorgesehene Geschäftsabschluss und dem G entgehen mehrere Millionen Euro. Kann G von dem Stau-Verursacher A Schadensersatz fordern? - Der Schaden des G ist nicht mehr vom Schutzzweck des § 823 I umfasst. G kann von A keinen Schadensersatz fordern.

III. Die Naturalrestitution gemäß § 249

1. Der Gesetzgeber geht in § 249 I davon aus, dass Schadensersatz grundsätzlich als *Naturalrestitution* zu leisten ist. Dies bedeutet, dass der Verursacher eine *wirtschaftlich vergleichbare Lage* wiederherstellen oder gem. § 249 II 1 *die zur Herstellung erforderlichen Kosten* tragen muss.

Beispiel 49: Die Wiederherstellung in Natura durch den Verursacher selbst ist natürlich vielfach nicht möglich, es sei denn, es handelt sich um einen Fachmann; bedeutender ist daher § 249 II 1, z.B. im Hinblick auf den Ersatz von Reparaturkosten eines Pkw, der nicht durch den Verursacher selbst, sondern in einer Werkstatt wieder in Stand gesetzt wurde.

2. Fraglich ist, in welchem Umfang der Geschädigte im Rahmen des § 249 II 1 die **Wiederherstellungskosten** bzw. die Kosten für die Ersatzbeschaffung einer gleichwertigen Sache verlangen kann.

Beispiel 50: A fährt in den Wagen des B und beschädigt diesen. Die Reparatur dauert eine Woche. Wenn B sich für diese Zeit einen Ersatzwagen mietet, kann er neben den Reparatur- auch die Mietwagenkosten (abzüglich von ca. 15 % wegen ersparten Verschleißes am eigenen Wagen) gemäß § 249 II 1 als „Wiederherstellungskosten" von A verlangen.

a) Entscheidend für die Art des Schadenersatzes ist in jedem Falle nicht der *subjektive Liebhaberwert*, sondern die *rein ökonomische Betrachtungsweise*. Die Reparaturkosten dürfen im Einzelfall jedoch höher liegen als die Kosten der Wiederbeschaffung. Nach der Rechtsprechung kann der Geschädigte Ersatz der Reparaturkosten verlangen, wenn die voraussichtlichen Kosten *30 % des Wiederbeschaffungswertes ohne Abzug des Restwertes* nicht überschreiten.

Beispiel 51: Würde die Reparatur eines Kfz 10.000 € kosten und die Beschaffung eines Neuwagens 8.000 €, könnte der Geschädigte weiterhin Ersatz der Reparaturkosten verlangen, auch wenn der entsprechende Betrag die Kosten für einen Neuwagen überschreitet. Voraussetzung ist allerdings, dass der Geschädigte das Kfz auch tatsächlich weiterhin benutzen will.

b) Im Falle einer *Körperverletzung* sind die Kosten der Heilbehandlung, aber auch die *Besuchskosten* nächster Angehöriger zu ersetzen, sofern solche Besuche für den Patienten medizinisch notwendig waren und es sich um *unvermeidbare Kosten* handelt. Zu beachten ist allerdings, dass § 249 II 1 den Ersatz von *Verdienstausfällen* nur dann ermöglicht, wenn sie nicht durch zusätzliche Arbeit ausgeglichen werden können.

3. Möglicherweise erlangt der Geschädigte durch die Rechts-gutverletzung auch bestimmte **Vorteile**. Diese Vorteile muss sich der Geschädigte *anrechnen* lassen, jedoch nur dann, wenn die Anrechnung von Vorteilen sachgerecht und billig erscheint.

Beispiel 52: Zahlungen privater Vorsorgeversicherungen wie z. B. der Unfallversicherung sind von dem Geschädigten durch Prämienzahlungen erkauft worden und nicht in Anrechnung zu bringen.

Beispiel 53: Wenn B sich einen Mietwagen nimmt, weil sein eigener PKW nach einem von A verschuldeten Unfall in der Werkstatt steht, muss er sich das anrechnen lassen, was er an Verschleiß am eigenen PKW spart.

IV. Die Schadenkompensation gemäß § 251

1. § 251 I, 1. Alt. regelt den Ersatz des Wertinteresses für den Fall der *Unmöglichkeit der Herstellung der Sache.* Erfasst werden alle Sachverhalte, die unter § 275 I fallen.

Beispiel 54: A fährt mit seinem Wagen in den Oldtimer des B, wodurch dieser zerstört wird. Da Ersatzteile nicht mehr zu haben sind, ist die Wiederherstellung des Oldtimers nicht möglich.

2. § 251 I, 2. Alt. betrifft den Fall, dass die *Herstellung zur Entschädigung nicht ausreichend* ist. Dies ist insbesondere der Fall, wenn der Umfang des Schadens so groß ist, dass dem Geschädigten eine Reparatur nicht zugemutet werden kann.

Beispiel 55: B hat sich einen Neuwagen gekauft. Schon am nächsten Tag fährt der A in den Wagen des B und beschädigt ihn erheblich. – Bei einem Neuwagen, der weniger als 1.000 Kilometer gelaufen hat und erheblich beschädigt wird, geht die Rechtsprechung davon aus, dass eine Reparatur regelmäßig nicht zugemutet werden kann. B kann daher auf Neuwagen-basis abrechnen, d.h. den Betrag für ein Neufahrzeug verlangen.

§ 251 I, 2. Alt. greift auch ein, wenn ein sog. *merkantiler Minderwert* verbleibt.

Beispiel 56: A fährt in den Wagen des B und beschädigt ihn erheblich. – A muss nun außer den Reparaturkosten auch den *merkantilen Minderwert* ersetzen. Dieser resultiert daraus, dass ein PKW, der Unfallschäden von einigem Gewicht erlitten hat, üblicherweise geringer bewertet wird als ein unfallfreier.

3. Falls eine Wiederherstellung nur unter **unverhältnismäßigen Aufwendungen** möglich ist, hat der Gläubiger ebenfalls gemäß § 251 II einen Anspruch auf Wertersatz. Gemeint sind die Fälle der *wirtschaftlichen Unmöglichkeit.* Ob eine Wiederherstellung unverhältnismäßig ist, wird aus einem Vergleich zwischen den Herstellungskosten und dem nach § 251 zu leistenden Wertersatz berechnet. Wie oben im Rahmen des § 249 bereits dargelegt, gilt im Falle von Kfz-Schäden, dass eine Reparatur dann unverhältnismäßig ist, wenn die voraussichtlichen Kosten 30 % des Wiederbeschaffungswertes ohne Abzug des verbleibenden Restwertes überschreiten. Gemäß § 251 II S. 2 sind Kosten für die Heilbehandlung eines *Tieres* jedoch nicht schon dann unverhältnismäßig, wenn sie dessen Wert erheblich übersteigen.

4. **Entgangene Nutzungen** einer Sache sind nach dem BGH dann zu ersetzen, wenn es sich um ein Wirtschaftsgut von zentraler Bedeutung handelt, auf dessen ständige Verfügbarkeit der Berechtigte für die Lebenshaltung angewiesen ist.

Beispiel 57: Sachen, auf deren ständige Verfügbarkeit der Berechtigte für die Lebenshaltung angewiesen ist, sind ein privates Kfz, Fahrrad oder auch das eigene Wohnhaus.

Beispiel 58: A fährt in den Wagen des B und beschädigt diesen. Die Reparatur dauert eine Woche. Wenn B sich für diese Zeit einen Ersatzwagen mietet, kann er die Mietwagenkosten (abzüglich von ca. 15 % wegen ersparten Verschleißes am eigenen Wagen) gemäß § 249 II 1 als „Wiederherstellungskosten" von A verlangen. Wenn der B sich *keinen Mietwagen* nimmt, kann er gemäß § 251 I 1. Alt. von B Schadensersatz wegen des Nutzungsausfalls seines PKW verlangen, da es sich bei dem PKW um ein Wirtschaftsgut von zentraler Bedeutung handelt, auf dessen ständige Verfügbarkeit der B für die Lebenshaltung angewiesen ist.

5. Auch Aufwendungen, die als Folge der unerlaubten Handlung **nutzlos** geworden sind, werden als Schadenposten ersetzt, vorausgesetzt, sie sind vom Verletzten im Vertrauen auf den Nichteintritt des schädigenden Ereignisses vorgenommen worden.

Beispiel 59: Wer einen Skiurlaub gebucht hat, sich kurz vorher jedoch das Bein bricht, kann von dem verantwortlichen Schädiger den entgangenen Geldwert (also regelmäßig den gezahlten Preis für die Buchung) ersetzt verlangen.

V. Deliktische Sondervorschriften bei Verletzung oder Tötung einer Person, §§ 842-846

Im Falle der Körperverletzung oder Tötung einer Person bestehen im Deliktsrecht einige **Sonderregeln** betreffend die Höhe des zu ersetzenden Schadens.

1. Der Umfang des Schadenersatzes erstreckt sich gemäß § 842 auch auf Nachteile „für den Erwerb oder das Fortkommen des Verletzten". Gemeint ist der aus dem Verlust von Arbeitseinkommen entstandene wirtschaftliche Schaden.

Beispiel 60: Zu ersetzen ist auch der Aufwand für die Einstellung von Ersatzarbeitskräften oder für den erhöhten Arbeitseinsatz des bisherigen Personals, ferner auch ein Einnahmeausfall bei verzögertem Berufseintritt. Kosten für die berufliche Umschulung sind zu ersetzen, wenn sie im Verhältnis zum wirtschaftlichen Gewicht des Erwerbsschadens als geeignet und sinnvoll angesehen werden können („Rehabilitation vor Rente").

2. Der Verletzte hat gem. § 843 I einen Anspruch auf Zahlung einer **Geldrente**, soweit seine Erwerbsfähigkeit aufgehoben oder gemindert worden ist.

Beispiel 61: Die Höhe der Rente berechnet sich nach der tatsächlichen Erwerbsminderung des Verletzten. Ein nicht berufstätiger Ehegatte hat ebenfalls einen Anspruch auf Ersatz des durch die Verminderung seiner häuslichen Arbeitsleistung entstandenen Schadens.

3. Den Umfang der Schadenersatzpflicht im Falle der **Tötung des Verletzten** regelt § 844. Neben den Beerdigungskosten (§ 844 I) hat der Schädiger einer Person, der gegenüber der Getötete unterhaltspflichtig war, eine Geldrente in Höhe des mutmaßlich zu leistenden Unterhalts zu zahlen (§ 844 II).

Beispiel 62: Unterhaltsberechtigt sind insbesondere die Kinder und die Ehefrau des Getöteten. Maßgeblich für die Höhe der Geldrente ist der gesetzlich geschuldete, nicht der tatsächlich gewährte Unterhalt. Die Dauer der Unterhaltsleistung ist aufgrund einer Prognose über die vermutete Lebensdauer des Getöteten zu ermitteln; zu berücksichtigen sind jedoch auch finanzielle Vorsorgen des Getöteten über dessen Tod hinaus.

4. Der Schädiger hat gem. § 845 S.1 einen Dritten, welcher dem Verletzten gegenüber kraft Gesetzes zur **Leistung von Diensten in Haus oder Gewerbe** verpflichtet war, für entgangene Dienste zu entschädigen.

Beispiel 63: Die Haushaltsführung des Ehegatten zählt nicht zu den Diensten i. S. des § 845, sondern stellt lediglich die Erfüllung einer Unterhaltspflicht dar. Gleiches gilt für die Mitarbeit im Erwerbsbetrieb des Ehegatten. Die praktische Bedeutung des § 845 ist somit eher gering.

VI. Der Ersatz immaterieller Schäden gemäß § 253 II (Schmerzensgeld)

§ 253 II regelt den Anspruch auf **Schmerzensgeld**. Solches kann regelmäßig nur gewährt werden, falls wegen einer der ausdrücklich aufgeführten Fälle (Körper- oder Gesundheitsverletzung etc.) Schadensersatz zu leisten ist. Die Aufzählung schließt alle Fälle der unerlaubten Handlung, zusätzlich aber auch die der Gefährdungshaftung (z. B. aus ProdHG und StVG) mit ein. Bedeutung erlangt das Schmerzensgeld ferner dann, wenn durch Medien (z.B. Werbung) das *Allgemeine Persönlichkeitsrecht* (vgl. Seite 16) schwerwiegend verletzt wird.

Beispiel 64: Brauereibesitzer B wird auf einem Reitturnier fotografiert und findet sich eines Tages ohne seine Zustimmung auf Werbeplakaten für ein potenzsteigerndes Mittel wieder ("Herrenreiter-Fall").

Der Anspruch auf Schmerzensgeld hat sowohl eine **Ausgleichs-** als auch eine **Genugtuungsfunktion.** Zum einen sollen durch § 253 II erlittene bzw. noch zu erleidende Schmerzen (physische und psychische) ausgeglichen werden. Da ein solcher Ausgleich gerade bei schwerwiegenden Verletzungen jedoch nicht immer möglich ist, ist Schadensersatz auch als Genugtuung für das schädigende Verhalten zu gewähren. Letzterer Aspekt spielt insbesondere eine Rolle bei vorsätzlichen und grob fahrlässig begangenen unerlaubten Handlungen.

Als Rechtsfolge ist gem. § 253 II eine „**billige Entschädigung in Geld"** zu gewähren. Dies bedeutet, dass der endgültige Betrag vom Gericht nach billigem Ermessen festzusetzen ist. Der Kläger muss die Höhe seines Anspruch also noch nicht im Klageantrag beziffern; es reicht aus, wenn er die genauen *Umstände* darlegt, nach denen die genaue Höhe des Schmerzensgeldes vom Gericht festgesetzt werden kann.

VII. Das Mitverschulden des Verletzten, § 254

Die Höhe des zu leistenden Schadenersatzes kann durch das **Mitverschulden** des Verletzten gemäß § 254 begrenzt werden, vgl. auch § 846.

1. Die **Voraussetzungen** für ein Mitverschulden des Geschädigten gemäß § 254 I sind:

- Der Geschädigte muss den haftungsbegründenden Tatbestand mit herbeigeführt haben. Sein eigenes Verhalten muss also ebenfalls kausal für den Eintritt des schadenstiftenden Ereignisses gewesen sein.

- Erforderlich ist ferner ein „Verschulden gegen sich selbst", also der vorwerfbare Verstoß gegen die eigenen Interessen.

34

Beispiel 65: Die A hat in ihrem Hotelzimmer teuren Schmuck liegen. Trotzdem lässt sie nachts die Balkontür offen stehen. Der Dieb D klettert auf den Balkon und stiehlt den Schmuck. Die A verlangt nun von dem Hotelinhaber Schadensersatz, da dieser das Hotel nur mangelhaft gesichert habe. – Sofern man einen Schadensersatzanspruch der A bejaht, wäre in jedem Fall ein Mitverschulden der A gemäß § 254 I zu prüfen, da sie 1) teuren Schmuck in ihrem Zimmer hat liegen lassen, anstatt ihn im Safe zu hinterlegen, 2) die Balkontür hat offen stehen lassen.

Der Umfang der Ersatzpflicht richtet sich nach einer **Abwägung der Umstände des Einzelfalles.** Entscheidend sind das Maß der Verursachung des Schadens durch den Verletzten und den Schädiger.

2. Gemäß § 254 II S.1 ist auch darin, dass der Verletzte seiner **Schadenminderungspflicht** nicht nachgekommen ist, ein Mitverschulden zu sehen. § 254 II S.1, 1. Alt. bezieht sich auf die **unterlassene Warnung** vor einem zukünftig eintretenden Schaden, § 254 II S.1, 2. Alt. auf die **unterlassene Abwendung oder Minderung** eines Schadens. Voraussetzung ist stets, dass der Verletzte den Eintritt und das ungefähre Ausmaß des Schadens tatsächlich vorhersehen konnte.

Beispiel 66: Stürzt ein Lagerraum wegen Verletzung der Bauvorschriften ein mit der Folge, dass Gegenstände eines Mieters beschädigt werden, so kann nicht nur den Eigentümer, sondern auch den Mieter ein (Mit)verschulden treffen, falls dieser von der Baufälligkeit wusste und sich nicht darum bemüht hat, dass dieser Zustand beseitigt wird.

3. § 254 II S. 2 verweist zusätzlich auf die Vorschrift des **§ 278** (Verschulden von Erfüllungsgehilfen). Hierbei handelt es sich um einen **Rechtsgrundverweis**, d. h. § 278 ist nur dann anwendbar, wenn zwischen den Parteien (Schädiger und Verletztem) eine vertragliche Beziehung oder eine rechtliche Sonderverbindung besteht.

C. Der haftungsbegründende Tatbestand des § 823 II

Schema: Der haftungsbegründende Tatbestand des § 823 II
I. Verletzung eines Schutzgesetzes **II. Rechtswidrigkeit der Schutzgesetzverletzung** **III. Verschulden bezüglich der Schutzgesetzverletzung**

Gem. § 823 II ist auch derjenige zum Schadenersatz verpflichtet, der gegen ein dem Schutz des Verletzten bezweckendes Schutzgesetz verstößt.

I. Als **Schutzgesetz** ist grundsätzlich jede materielle Rechtsnorm anzusehen. Das Schutzgesetz muss einen *persönlichen* („Wer?") und *sachlichen Individualschutz* („Was?") bezwecken. Zu prüfen sind daher stets drei Voraussetzungen:

- Bezweckt das Gesetz (zumindest auch) Individualschutz?

- Gehört der Verletzte zum geschützten Personenkreis?

- Gehört das geltend gemachte Interesse zu den geschützten Interessen?

Beispiel 67: Die Frage, ob ein Gesetz den Individualschutz bezweckt, ist nach dem Einzelfall zu beurteilen. So schützt im Falle eines Kfz-Diebstahls der **§ 242 I StGB** nur den Eigentümer des Fahrzeugs, nicht aber andere Verkehrsteilnehmer, die bei einer Fahrt des Diebes verletzt werden. § 267 StGB (Urkundenfälschung) schützt nur die Sicherheit des Rechtsverkehrs, der Schutz einzelner Vermögensinteressen ist lediglich „Reflexwirkung" und daher nicht vom Zweck der Norm umfasst. Das Vermögen muss also primär und unmittelbar von der verletzten Norm geschützt sein, beispielsweise im Falle des **§ 263 I StGB (Betrug)**.

Beispiel 68: D hat das Auto des A gestohlen. Bei einer anschließenden Spritztour verursacht D einen Unfall, durch den das Fahrzeug zerstört wird. Greift § 823 II ein?

Lösung: Hier kommt ein Anspruch des A gegen D auf Schadenersatz aus § 823 II i. V. m. § 242 I StGB in Betracht. Der Tatbestand des *Diebstahls* ist durch D erfüllt worden; die Norm des § 242 I StGB bezweckt den Schutz des Eigentums (= *sachlicher* Individualschutz) und stellt daher ein Schutzgesetz dar. Auch in *persönlicher* Hinsicht ist A durch § 242 StGB geschützt. Der Anspruch aus § 823 II i. V. m. § 242 StGB greift daher ein.

Hinweis: Gerade bei strafrechtlichen Normen ist sorgfältig darauf zu achten, dass die betreffende Vorschrift auch tatsächlich den Einzelnen und nicht bloß die Allgemeinheit schützen will! Entscheidend ist stets die **Intention des Gesetzgebers**, nicht die Wirkung des Gesetzes.

Ob das Schutzgesetz **verletzt** worden ist, richtet sich nach den Vorschriften, die für das Schutzgesetz gelten. Bei Strafgesetzen muss also z.b. die Tatbestandsmäßigkeit, Rechtswidrigkeit und Schuld geprüft werden.

Beispiel 69: Bei § 242 StGB wäre zu prüfen, ob der Täter
a) eine fremde bewegliche Sache mit Bereicherungsabsicht vorsätzlich weggenommen hat (Tatbestand);
b) Die Rechtswidrigkeit gegeben ist;
c) Die Schuld gegeben ist. Wenn dies bejaht werden kann, ist § 242 StGB verletzt.

II. Die **Rechtswidrigkeit** der Schutzgesetzverletzung entfällt nur, wenn Rechtfertigungsgründe eingreifen. Ob dies der Fall ist, ist bei Strafgesetzen bereits innerhalb der jeweiligen Vorschrift geprüft worden, so dass auf diese Prüfung verwiesen werden kann!

III. Das **Verschulden** muss sich ausschließlich auf die Schutzgesetzverletzung und nicht zusätzlich auf die Folgeschäden beziehen.

Beispiel 70: In *Beispiel 68* kommt es also bezüglich des § 823 II nicht darauf an, ob der D während der Spritztour, bei der der Wagen zerstört wurde, fahrlässig gehandelt hat. Es genügt, dass D den Diebstahl (§ 242 StGB) verwirklicht hat.

Der Maßstab des Verschuldens entspricht dem des betreffenden Schutzgesetzes. Nur, wenn zur Verletzung des Schutzgesetzes *kein* Verschulden erforderlich ist, ist auf die generelle Norm des § 276 zurückzugreifen, vgl. § 823 II 2.

Bei Strafgesetzen kann bezüglich des Verschuldens regelmäßig auf die Prüfung des Strafgesetzes verwiesen werden!

IV. Zum **haftungsausfüllenden Tatbestand** vgl. oben S. 26 ff.

D. Die Haftung wegen vorsätzlicher sittenwidriger Schädigung gemäß § 826

Der Schädiger muss einem anderen einen **Schaden** (I.) **sittenwidrig** (II.) und **vorsätzlich** (III.) zugefügt haben.

I. Unter einem **Schaden** versteht man bei § 826 jeden und somit auch einen reinen *Vermögensschaden*.

II. Der Begriff der **Sittenwidrigkeit** entspricht dem des § 138 und wird durch einen *Verstoß gegen das Anstandsgefühl aller billig und gerecht Denkenden* definiert.

Beispiel 71: Sittenwidrig handelt z.b. derjenige, der die ihm eingeräumte Vertretungsmacht zwecks Schädigung des Vertretenen missbraucht. Weitere Fallgruppen, bei denen eine Sittenwidrigkeit bejaht wurde: Täuschen einer arglosen Person, Verleiten zum Vertragsbruch, Erteilen bewusst unrichtiger Auskünfte, z.B. bzgl. der Kreditwürdigkeit gegenüber einer Bank, Handeln aus rücksichtslosem Gewinnstreben, Ausnutzen einer wirtschaftlichen Machtstellung.

Beispiel 72: Die Reservierung einer bestimmten Domainseite (z. B. www.heidelberg.de) durch eine Privatperson ist sittenwidrig, wenn die formalrechtliche Stellung nur zu einer Gewinnerzielung genutzt werden soll, dessen Höhe nicht durch eigene gewerbliche Zwecke gerechtfertigt wird, sondern nur mit dem ideellen Wert in Zusammenhang steht, den der Vertragspartner (hier die Stadt Heidelberg), dem Namen der Webseite beimisst (sog. „Domaingrabbing").

III. Für die Bejahung des **Vorsatzes** reicht bedingter Vorsatz aus. Die handelnde Person muss die Sittenwidrigkeit der Handlung kennen und zumindest billigend in Kauf nehmen.

Merken sollte man sich unbedingt, dass der Vorsatz sich auch auf den *Schaden* beziehen muss. Der Täter muss also zumindest billigend in Kauf genommen haben, dass dem Geschädigten ein Schaden entsteht.

E. Die Produzentenhaftung gemäß § 823 I

Für den **Hersteller eines Produktes** bestehen spezifische *Verkehrssicherungspflichten*, deren Verletzung eine Haftung nach § 823 I auslösen kann. Als *Hersteller* gelten zum einen industrielle Hersteller, zum anderen in größeren Betrieben auch Produktionsleiter, die eine herausgehobene Stellung innehaben. Bei Kleinbetrieben sind die Inhaber als Hersteller anzusehen.

Schema: Die Produzentenhaftung gemäß § 823 I

I. Der Geschädigte ist in einem Rechtsgut aus § 823 I verletzt
II. Der Hersteller hat seine Verkehrssicherungspflicht verletzt
- **Fabrikationsfehler**
- **Konstruktionsfehler**
- **Instruktionsfehler**
- **Produktbeobachtungsfehler**

III. Kausalität, Adäquanz, Rechtswidrigkeit, Verschulden
IV. Beweislastumkehr

I. Zunächst ist darzulegen, in welchem Rechtsgut aus § 823 I der Geschädigte verletzt worden ist.

Beispiel 73: Die Eltern E haben ihrem Kleinkind regelmäßig Kindertee gegeben, der von der Firma M hergestellt worden ist. Wenn das Kind nach einiger Zeit Karies an den Zähnen bekommt, ist eine *Gesundheitsverletzung* gegeben.

Beispiel 74: Eine *Gesundheitsverletzung* ist auch gegeben, wenn eine Mehrweg-Limonadenflasche platzt und den Geschädigten dabei verletzt.

II. Voraussetzung ist weiterhin, dass der Hersteller eine herstellerspezifische Verkehrssicherungspflicht verletzt hat:

- **Fabrikationsfehler**
  Ein Fabrikationsfehler liegt vor, falls einzelne Exemplare eines Produktes aufgrund von Fehlern im Herstellungsverfahren mangelhaft geworden sind. Um eine Haftung in solchen Fällen zu vermeiden, muss der Produzent alle erforderlichen Sicherungsmaßnahmen im Herstellungsverfahren (z.b. Materialauswahl, Organisation) getroffen haben.

  Beispiel 75: Autohersteller A baut in eine PKW-Serie die Bremsanlagen mangelhaft ein. Eine *einmalige* Fehlfunktion einer Maschine, die ordnungsgemäß gewartet und bestimmungsgemäß eingesetzt worden ist, begründet in der Regel aber noch keine Haftung des Produzenten (sog. „Ausreißer").

- **Instruktionsfehler**
  Ein Produkt kann auch unvermeidbare Gefahren mit sich tragen, die vom Hersteller nicht ausgeschlossen werden können. In solchen Fällen ist der Hersteller zumindest verpflichtet, den Verbraucher durch **Warnhinweise** oder Ähnliches auf die betreffenden Gefahren hinzuweisen.

  Beispiel 76: „Spielzeug enthält verschluckbare Kleinteile und ist daher für Kinder unter drei Jahren nicht geeignet"; Hinweise auf die schädlichen Wirkungen, die eintreten, wenn ein zuckerhaltiger Kindertee (Beispiel 73) zum „Dauernuckeln" verwendet wird; Hinweise auf die Nebenwirkungen von Arzneimitteln oder Folgen bei unsachgemäßer Aufstellung eines Mikrowellenherdes.

- **Konstruktionsfehler**
  Der Hersteller muss alle dem Stand der Technik entsprechenden Sicherheitsvorkehrungen bei der Konstruktion und Planung treffen.

- **Produktbeobachtung**
  Der Hersteller ist verpflichtet, die Bewährung seines Produktes in der Praxis zu beobachten.

Beispiel 77: Insbesondere bei Arzneimitteln kann es vorkommen, dass bestimmte Folgen und Nebenwirkungen erst *nach* Inverkehrbringen des Produktes auftreten und für den Hersteller zunächst nicht erkennbar gewesen sind.

Beispiel 78: Ein Autohersteller, dem eine nicht vorhergesehene Pannenserie an einem bestimmten Fahrzeugtyp bekannt wird, kann daher auch nach Inverkehrbringen des Fahrzeugs verpflichtet sein, durch Rückrufaktionen oder ähnliche Maßnahmen weiteren Schaden zu vermeiden. Der Hersteller hat stets den aktuellen Stand der Technik zu berücksichtigen und muss gegebenenfalls auch Produkte anderer Mitbewerber zum Vergleich heranziehen.

III. Kausalität, Adäquanz, Rechtswidrigkeit und Verschulden müssen gegeben sein.

IV. Dem Verbraucher wird es oft kaum möglich sein, ein Verschulden des Herstellers bei der Verletzung der Verkehrssicherungspflicht nachzuweisen. Daher gilt für die Produzentenhaftung eine sog. **Beweislastumkehr**, d. h., ein Verschulden des Produzenten wird widerlegbar vermutet. Will der Hersteller nicht haften, muss er beweisen, dass ihn kein Verschulden trifft.

Beispiel 79: A wird durch eine beschädigte Limonadenflasche, die in der Hand des A plötzlich explodiert, verletzt. Unklar bleibt, ob die Flasche das Werk des Herstellers schon im beschädigten Zustand verlassen hat. - Dem A kann der Nachweis der Beschädigung der Flasche zu dem Zeitpunkt, in dem sie das Werk des Herstellers verlassen hat, nicht zugemutet werden. Die Beweislast ist bei der Produzentenhaftung stets umgekehrt, so dass der Hersteller durch die Dokumentation seiner Ausgangskontrolle (sog. *Befundsicherungspflicht*) beweisen muss, dass die Flasche sein Werk im einwandfreien Zustand verlassen hat. Die Sorgfaltspflicht liegt in der Kontrolle der Flaschen beim Verlassen des Werks.

Beispiel 80: Kurz nach einem Festessen in einer Gaststätte erkranken mehrere der Gäste an Salmonellen. – Die Beweislastumkehr gilt auch für Gaststätten als Kleinbetriebe. Der Hersteller (= Inhaber) muss also beweisen, dass ihn kein Verschulden trifft.

Exkulpieren kann sich der Produzent also nur dadurch, dass er darlegt, im Bereich seines Unternehmens die erforderliche Sorgfalt aufgewendet zu haben. Gelingt ein solcher Nachweis, liegt die Beweislast wieder vollständig beim Geschädigten. Merken sollte man sich unbedingt, dass sich die Beweislastumkehr regelmäßig allein auf das *Verschulden* des Herstellers bezieht. Der Geschädigte muss also auch bei der Produzentenhaftung beweisen, dass überhaupt ein *Fehler* des Produktes vorlag und dieser Fehler für die Rechtsgutsverletzung und den Schaden *ursächlich* geworden ist.

F. Die verschuldensunabhängige Haftung nach dem ProdHaftG

Zum verstärkten Schutz der Verbraucher ist das **Produkthaftungsgesetz** eingeführt worden, welches aber die *zusätzliche Anwendbarkeit* des § 823 nicht ausschließt, § 15 II ProdHaftG. Die Haftung nach dem ProdHaftG hat die Besonderheit, dass sie **verschuldensunabhängig** ausgestaltet ist.

Schema: Die Haftung nach dem ProdHaftG

I. Rechtsgutverletzung, § 1 ProdHaftG
II. Verursacht durch ein Produkt i. S. d. § 2 ProdHaftG
III. Fehler des Produktes i. S. des § 3 ProdHaftG
IV. Verantwortliche Person: Hersteller i.S.d. § 4 ProdHaftG
V. Kein Haftungsausschluss, § 1 II und § 1 III ProdHaftG
VI. Rechtsfolge: Schadensersatz

I. Die in § 1 ProdHG aufgezählten **Schutzbereiche** entsprechen weitgehend den in § 823 I genannten. Im Falle der Sachbeschädigung besteht eine Schadensersatzpflicht nur, wenn eine *andere Sache* als das fehlerhafte Produkt beschädigt worden ist. Zur näheren Bestimmung des Begriffs „andere Sache" ist auf die Verkehrsauffassung abzustellen. Nicht entscheidend ist das Vorliegen einer Stoffgleichheit.

Beispiel 81: Eine verkaufte Sache, bei der nur einzelne Komponenten (z. B. Bremsbeläge eines Autos) defekt sind, ist regelmäßig als einheitliche Sache einzustufen, da die Verkehrsauffassung die Sache als einheitliche betrachtet. Führt das Einfügen von defekten Ersatzteilen hingegen zur Fehlerhaftigkeit einer zuvor einwandfreien Sache, liegt auch ein Fehler an einer „anderen Sache" i. S. des § 1 ProdHaftG vor.

Die Sache muss im Übrigen gewöhnlich zum *privaten Ge- oder Verbrauch* benutzt und hierzu vom Geschädigten hauptsächlich verwendet worden sein. Einem professionellen Verwender bleiben also nur die allgemeinen deliktischen Ansprüche, insbesondere § 823 I.

II. Als **Produkt** i. S. des § 2 ProdHaftG gilt grundsätzlich jede bewegliche Sache.

III. Ein Produkt hat gemäß § 3 ProdHaftG einen **Fehler**, wenn es nicht die Sicherheit bietet, die unter Berücksichtigung aller Umstände, insbesondere a) seiner Darbietung, b) des Gebrauchs, mit dem billigerweise gerechnet werden kann, c) des Zeitpunkts, in dem es in den Verkehr gebracht wurde, berechtigterweise erwartet werden kann.

IV. Zu beachten ist, dass als **Hersteller** nicht nur gilt, wer das Endprodukt tatsächlich hergestellt hat, sondern auch, wer sich durch Anbringen seines Namens oder Kennzeichens als Hersteller ausgibt. Auch der Importeur oder Lieferant kann als Hersteller gelten (§ 4 II, III ProdHaftG).

V. Gemäß § 1 II ProdHG ist die **Haftung** in den folgenden Fällen **ausgeschlossen**:

• Der Hersteller hat das Produkt nicht willentlich in den Verkehr gebracht.

• Im Zeitpunkt des Inverkehrbringens ist das Produkt noch nicht fehlerhaft gewesen.

- Die Herstellung oder der Vertrieb erfolgte nicht zum Zwecke der Gewinnerzielung.

- Das Produkt entsprach den für den Hersteller zwingenden Rechtsvorschriften.

- Der Fehler konnte im Zeitpunkt des Inverkehrbringens nach dem gegenwärtigen Stand der Wissenschaft und Technik nicht erkannt werden.

Eine Befreiung des **Zulieferers** von der Haftung ist gem. § 1 III ProdHG möglich, wenn er nachweist, dass die Verletzung aufgrund eines Konstruktions- oder Instruktionsfehlers des Endherstellers entstanden ist.

Die **Beweislast** für das Vorliegen eines der oben genannten Ausschlussgründe trägt gem. § 1 IV S. 2 ProdHG der Hersteller des Produktes.

VI. Im Gegensatz zur Haftung nach § 823 ist in § 10 ProdHG ein absoluter **Höchstbetrag** ausgewiesen. Zu berücksichtigen ist aber vor allem, dass ein Ersatz des Schadens erst bei einem Betrag über 500 € in Betracht kommt (sog. *Selbstbeteiligung*, § 11 ProdHaftG).

G. Die Haftung für den Verrichtungsgehilfen gem. § 831

Schema: Die Haftung für den Verrichtungsgehilfen, § 831

I. Tätigwerden eines Verrichtungsgehilfen
II. Rw, unerlaubte Handlung des Verrichtungsgehilfen
III. Innerer Zusammenhang zwischen unerlaubter Handlung und Ausführung der Verrichtung
IV. Keine Entlastung des Geschäftsherrn, § 831 I 2
V. Falls keine Haftung nach § 831 gegeben, prüfen: Ist ein Organisationsverschulden gemäß § 823 I gegeben?

---

§ 831 bestimmt die Haftung einer Person für die von ihm eingesetzten Verrichtungsgehilfen und stellt im Verhältnis zu § 823 eine **selbstständige Anspruchsgrundlage** dar.

Gemäß § 831 haftet der Geschäftsherr, wenn sein Verrichtungsgehilfe eine tatbestandsmäßige und rechtswidrige unerlaubte Handlung in Ausführung der konkreten Verrichtung begangen hat.

I. Zunächst ist es wichtig, den Begriff des *Verrichtungsgehilfen* von dem des *Erfüllungsgehilfen* (vgl. § 278) abzugrenzen.

Verrichtungsgehilfe im Sinne des § 831 ist, wer mit Wissen und Wollen des Geschäftsherrn in dessen Geschäftsbereich *weisungsabhängig* tätig ist.

Beispiel 82: Verrichtungsgehilfe ist damit z.B. der Malergeselle, der im Auftrag seines Chefs (des Malermeisters) die Wohnung eines Kunden streicht. Auch der Automechanikergeselle, der in der Werkstatt seines Chefs Kundenfahrzeuge repariert, gehört hierher.

Der Geschäftsherr muss die Tätigkeit des Handelnden jederzeit beschränken, untersagen oder nach Zeit und Umfang bestimmen können, also ein **Weisungsrecht** innehaben. Selbstständig handelnde Vertragspartner sind daher nicht als Verrichtungsgehilfen anzusehen.

Beispiel 83: Wer einen selbständigen Malermeister beauftragt, hat diesem gegenüber kein Weisungsrecht. Daher ist der Malermeister nicht Verrichtungsgehilfe seines Auftraggebers. Anders der Geselle: Er unterliegt den Weisungen seines Chefs.

Im Unterschied zum Erfüllungsgehilfen ist es nicht erforderlich, dass die eingesetzte Hilfsperson gegen eine Verhaltenspflicht aus einer rechtlichen Sonderverbindung (z. B. Vertrag) verstößt.

Beispiel 84: Die Stadt S beauftragt den Unternehmer U mit Straßenarbeiten. Während der Arbeiten verletzt sich das Kind K durch einen Sturz in eine von den Arbeitern des U nicht ordnungsgemäß gesicherte Baugrube. Nach welchen Vorschriften haftet der U dem Kind?

Lösung: Die Arbeiter haben fahrlässig ihre Sorgfaltspflicht zur Absperrung der Baugrube verletzt. Ein Schuldverhältnis besteht aber nur zwischen U und S, so dass die Arbeiter gegenüber dem Kind K nicht als *Erfüllungsgehilfen* einer Verbindlichkeit gehandelt haben. Eine Haftung des U gegenüber dem Kind kommt daher nicht aus Vertrag i.V.m. § 278, sondern ausschließlich aus § 831 in Betracht.

Hinweis: § 278 ist im Gegensatz zu § 831 keine Anspruchsgrundlage, sondern eine Zurechnungsnorm für fremdes Verschulden!

Klausurtipp: In Klausurfällen ist bei der Hilfsperson häufig „nichts zu holen", so dass die Bearbeitung ausschließlich auf Ansprüche gegen den Geschäftsherrn nach § 831 beschränkt wird!

---

§ 831 kann jedoch auch *neben* einem schuldrechtlichen Anspruch, z. B. aus § 280 I, zur Anwendung kommen. In diesem Falle besteht eine **Anspruchskonkurrenz**, d. h. § 831 wird nicht durch Vorschriften des Schuldrechts verdrängt.

Beispiel 85: A, ein Arbeiter des U, führt im Haus des B in dessen Auftrag Elektroinstallationen durch. Hierbei wird durch eine Unachtsamkeit des A eine wertvolle Vase zerstört. Nach welchen Vorschriften haftet der U dem B?

Lösung: Zwischen B und U ist ein *Werkvertrag* geschlossen und somit ein Schuldverhältnis begründet worden. A ist in Erfüllung der Verbindlichkeit des U aus § 631 I tätig geworden, stand gleichzeitig aber auch in einem Abhängigkeitsverhältnis zu U. Er ist in diesem Falle sowohl als Erfüllungs- als auch als Verrichtungsgehilfe des U anzusehen. Ein Anspruch des B auf Schadensersatz gegen U kann sich daher sowohl aus § 280 I i.V.m. § 278 als auch aus § 831 ergeben.

II. Es ist nur notwendig, dass der Verrichtungsgehilfe in seiner Person eine **tatbestandsmäßige und rechtswidrige unerlaubte Handlung** begangen hat. Ein *Verschulden* des Verrichtungsgehilfen ist hingegen nicht erforderlich!

III. Die unerlaubte Handlung muss des weiteren „**in Ausführung der Verrichtung**", also nicht bloß *bei Gelegenheit*, begangen worden sein. Dies ist der Fall, wenn ein unmittelbarer *innerer Zusammenhang* zwischen der aufgetragenen Verrichtung und der schädigenden Handlung besteht.

Beispiel 86: Im *Beispielsfall 85* stiehlt A die Geldbörse des B. – Hier steht der Diebstahl in keinem Zusammenhang mit der eigentlichen Tätigkeit, den Installationsarbeiten in der Wohnung, so dass U nicht gem. § 831 haftet.

Beispiel 87: B hat seinen Pkw in der Werkstatt des U zur Inspektion abgeliefert. Der mit der Durchführung beauftragte Lehrling L will den Scheibenwasser-Tank mit Frostschutzmittel auffüllen. Versehentlich füllt er das Frostschutzmittel aber in den Bremsflüssigkeits-Tank. Dadurch werden die Bremsleitungen beschädigt und müssen ausgetauscht werden. Da Lehrling L kaum in der Lage ist, die Reparaturkosten von 1.500 Euro zu zahlen, will B den U in Anspruch nehmen. Zu Recht?

Lösung: L hat das *Eigentum* des B beschädigt und so § 823 I tatbestandsmäßig und rechtswidrig erfüllt. Das Befüllen des Bremsflüssigkeits-Tanks stand in einem *inneren Zusammenhang* mit der Tätigkeit, zu welcher L von U bestellt worden ist und geschah also in Ausführung der Verrichtung i. S. d. § 831 und nicht nur „bei Gelegenheit". U haftet also nach § 831.

IV. Auch wenn der Tatbestand des § 831 I S.1 erfüllt ist, hat der Geschäftsherr gleichwohl gem. § 831 I S. 2 die Möglichkeit, sich zu entlasten, also zu **exkulpieren**. Um einer Haftung zu entgehen, muss er u. a. die ihn entlastenden Tatsachen bzgl. Auswahl und Überwachung des Verrichtungsgehilfen selbst beibringen. Falls der Klausursachverhalt keine Hinweise für eine Exkulpation enthält, haftet der Geschäftsherr also.

Beispiel 88: Falls in *Beispiel 87* der U nicht in der Lage ist, zu beweisen, dass er den L sorgfältig ausgewählt und überwacht hat, haftet er gemäß § 831.

Zugunsten des Verletzten greift demnach eine **doppelte Vermutung** ein: Zum einen eine *Verschuldensvermutung* des Geschäftsherrn hinsichtlich der Auswahl und Überwachung seines Gehilfen, zum anderen aber auch eine *Kausalitätsvermutung* im Hinblick auf das schädigende Ereignis.

Beispiel 89: In *Beispiel 87* wird also vermutet, dass den U bezüglich der Auswahl und Überwachung des L ein Verschulden trifft. Außerdem wird vermutet, dass dies kausal (ursächlich) für den Fehler des L war.

Den Geschäftsherrn treffen bestimmte **Sorgfaltspflichten** bei der Auswahl und Überwachung des Verrichtungsgehilfen. Er muss größere Sorgfalt bei der Auswahl des Gehilfen beachten, wenn die Tätigkeit verantwortungsvoller und schwieriger ist. Daher ist es besonders wichtig, immer auf die Besonderheiten des Falles und die allgemeine Verkehrsanschauung abzustellen.

Beispiel 90: Der Betreiber eines Dienstleistungsunternehmens zur Betreuung fremden Vermögens hat sicherzugehen, dass seine Mitarbeiter nicht wegen Untreue vorbestraft sind.

48

Der Geschäftsherr ist darüber hinaus verpflichtet, fortlaufend die Befähigung seines Gehilfen zu überprüfen. Eine sorgfältige Auswahl bei der Einstellung (die u. U. ja einige Jahre zurück liegen kann) genügt für die Entlastung des Geschäftsherrn also noch nicht. Wichtig ist, dass dieser *in regelmäßigen Abständen* Kontrollen durchführt.

Beispiel 91: Unternimmt ein Angestellter regelmäßig Kurierfahrten, ist durch gelegentliches Mitfahren oder Beobachtung aus einem anderen Kfz während unauffälliger Kontrollfahrten die Fahrweise des Angestellten zu überwachen.

Umstritten ist, ob sich der Geschäftsherr bereits dadurch entlasten kann, dass er einen leitenden Angestellten, dem die Kontrolle des übrigen Personals obliegt, sorgfältig ausgewählt und überwacht hat, sog. *dezentralisierter Entlastungsbeweis.*

Beispiel 92: Geschäftsführer G bestimmt in *Beispiel 91* den Angestellten A dazu, dass dieser die Fahrer überwacht. Wenn nun ein Fahrer eine rechtswidrige unerlaubte Handlung begeht, muss G nach dieser Ansicht nur darlegen, dass er den A sorgfältig ausgewählt und überwacht hat.

Gegen die dezentralisierte Entlastungsmöglichkeit lässt sich wohl einwenden, dass auf diese Weise Großkonzerne gegenüber kleineren Unternehmen bevorzugt werden, da für sie der Umfang der Darlegungslast deutlich geringer sein kann. Auf der anderen Seite kann dieser Vorteil durch erhöhte Anforderungen an die Überwachung des leitenden Angestellten wieder ausgeglichen werden.

V. Sollte dem Geschäftsherrn der Entlastungsbeweis nach § 831 I S.2 gelingen, bedeutet dies jedoch noch nicht, dass er tatsächlich von seiner Haftung frei wird. Vielmehr kann er auch wegen **Organisationsverschuldens** gemäß § 823 I haften. Voraussetzung hierfür ist, dass der Betrieb mangelhaft organisiert worden ist.

Beispiel 93: Wer ein Unternehmen zur Herstellung von Feuerwerkskörpern betreibt, hat aus seiner Garantenpflicht dafür Sorge zu tragen, dass aus der Lagerung der Feuerwerkskörper keine Gefahren für die umliegende Bevölkerung entstehen. Überträgt der Unternehmer die Verantwortung auf eine andere Person, so muss er seiner Verkehrssicherungspflicht weiterhin durch stetige Überwachung nachkommen. Ansonsten haftet der Unternehmer wegen Verletzung seiner Organisationspflicht selbst nach § 823 I.

H. Die Haftung über §§ 31, 89

Eine weitere Haftungsvorschrift stellt § 31 dar. Hierbei handelt es sich im Gegensatz zu § 831 jedoch nicht um eine selbstständige *Anspruchsgrundlage*, sondern eine reine *Zurechnungsnorm*. Nach dem Wortlaut des § 31 haftet ein Verein für den Schaden, den ein Vorstand oder ein anderer verfassungsmäßig berufener Vertreter in Ausführung der ihm zustehenden Verrichtung begangen hat.

Diese Verantwortung ist wegen der Strukturähnlichkeit jedoch auf sämtliche juristische Personen (AG und GmbH), sowie auf alle Personengesellschaften (OHG, KG und die Gesellschaft bürgerlichen Rechts) auszudehnen. Analog gilt § 31 über § 89.

Beispiel 94: Die Supermarktkette „Meier OHG" betreibt auch eine Filiale in Münster. Dort kommt es eines Tages zu einem Unfall, als Frau F auf einer Wasserlache ausrutscht. Diese Lache ist auf eine undichte Stelle im Dach zurückzuführen, welche dem Filialleiter bereits längere Zeit bekannt war, ohne dass dieser etwas dagegen unternommen hat. Frau F möchte den erlittenen Personenschaden nun von der Meier OHG ersetzt verlangen. Hinweis: Vertragliche Ansprüche sind nicht zu prüfen.

Lösung

Frau F könnte gegen die Meier OHG einen Anspruch auf Ersatz des erlittenen Schadens gem. §§ 823 I i. V. mit § 31 haben.
1. § 31 ist, da die OHG mit einer juristischen Person vergleichbar ist, auf diese entsprechend anzuwenden.
2. Gem. § 31 muss ein Organ der OHG eine unerlaubte Handlung begangen haben. Fraglich ist, ob auch der Filialleiter wie ein Organ zu behandeln ist, obwohl dieser kein Gesellschafter der OHG ist.

Eine solche Gleichbehandlung wird bejaht bei allen Personen, welche eigenverantwortlich einen Aufgabenbereich, der üblicher weise von Organen wahrgenommen wird, übernommen haben. Die betreffende Person muss nach außen eigenverantwortlich einen bestimmten Bereich regeln und somit die juristische Person „repräsentieren". Diese Kriterien treffen auf den Leiter einer Supermarktfiliale ohne weiteres zu. In diesem Zusammenhang spricht man von einer sog. *Repräsentantenhaftung.*

Indem der Filialleiter es unterlassen hat, das schadhafte Dach reparieren zu lassen, obwohl dies seiner Verkehrssicherungspflicht entsprochen hätte, hat er fahrlässig eine unerlaubte Handlung begangen, die zu dem Personenschaden der F geführt hat.

3. Die Verkehrssicherungspflicht stand im unmittelbaren Zusammenhang mit der von dem Geschäftsherrn, der Meier OHG, aufgetragenen Verrichtung, nämlich der Leitung des Supermarktes.

4. Das Handeln des Filialleiters nach § 823 I wird der OHG (beachte § 124 HGB) als eigenes Handeln zugerechnet.

Ergebnis: F hat einen Anspruch gegen die Meier OHG aus § 823 I i. V. mit § 31.

J. Die Haftung nach §§ 7, 18 StVG

Bei der *Halterhaftung* gemäß § 7 I StVG handelt es sich um eine sog. **Gefährdungshaftung.** Demnach muss der Halter eines Kfz den bei einem Unfall eingetretenen Schaden (Tötung, Körperverletzung etc.) gar nicht selbst *verschuldet* haben – er haftet bereits aufgrund des von ihm in Gang gesetzten *gesteigerten Betriebsrisikos* seines Fahrzeugs. Die Gefährdungshaftung beruht auf dem Gedanken, dass derjenige, der erlaubterweise eine gefährdende Betätigung ausübt, auch die daraus entstehenden Schäden tragen soll.

I. Der Tatbestand des § 7 I StVG

Der Anspruchsgegner muss Halter eines Kraftfahrzeuges sein.

Halter ist derjenige, der ein Kfz zur Unfallzeit für eigene Rechnung in Gebrauch hat und entsprechende Verfügungsgewalt hierüber besitzt.

Beispiel 95: So ist auch der Leasingnehmer eines Kfz als Halter anzusehen, auch wenn das Fahrzeug nicht in seinem Eigentum steht.

Ein Personen- oder Sachschaden muss **bei dem Betrieb des Kfz** entstanden sein. Notwendig ist demnach, dass sich gerade die *betriebsspezifische Gefahr* des Fahrzeugs realisiert hat. Dies ist der Fall, wenn ein Kfz am öffentlichen Straßenverkehr teilnimmt. Nicht entscheidend ist, ob der Motor des Kfz noch im Betrieb gewesen ist. Der Schaden muss ferner im Zusammenhang mit der *Fortbewegungs- und Transportfunktion* des Kfz stehen.

II. Der Ausschluss der Haftung gem. § 7 II und III StVG

Die Haftung des Fahrzeughalters ist gem. § 7 II StVG ausgeschlossen, wenn der Unfall durch höhere Gewalt verursacht wurde.

Höhere Gewalt wird definiert als ein betriebsfremdes, von außen herbeigeführtes Ereignis, das nach menschlicher Einsicht und Erfahrung nicht vorhersehbar ist, mit wirtschaftlich vertretbaren Mitteln auch durch die äußerste nach der Sachlage zu erwartende Sorgfalt nicht abgewendet werden kann und auch nicht aufgrund seines häufigen Auftretens in Kauf zu nehmen ist.

Beispiel 96: Als betriebsfremdes Ereignis gelten elementare Naturkräfte oder auch Handlungen dritter Personen. Verursacht ein Fahrer bei Schnee und Eis auf der Fahrbahn einen Unfall, so liegt auch dann keine höhere Gewalt vor, wenn der Fahrer nachweist, dass er seine Geschwindigkeit der Verkehrssituation angepasst hat und den Unfall unter keinen Umständen hätte vermeiden können. Auch wenn dem Autofahrer unerwartet ein Reifen platzt, manifestiert sich auf diese Weise lediglich das Betriebsrisiko, vermag den Halter des Fahrzeugs jedoch nicht zu entlasten. Höhere Gewalt wird daher nur in sehr seltenen Ausnahmefällen zu bejahen sein.

Im Falle eines **Diebstahls** oder einer **Schwarzfahrt** ohne Zustimmung des Fahrzeughalters bestimmt § 7 III StVG ebenfalls den Ausschluss der Haftung. Weitere Ausschlusstatbestände enthalten die §§ 8, 8a sowie 15 StVG.

III. Haftung des Fahrzeugführers gemäß § 18 I StVG

Die Haftung des *Fahrzeugführers* ist in § 18 I StVG geregelt. Es handelt sich hierbei *nicht* um eine Gefährdungshaftung, sondern um eine Haftung für *vermutetes Verschulden*. Gem. § 18 I S. 2 StVG ist die Ersatzpflicht des Führers eines Kfz ausgeschlossen, wenn der Schaden nicht durch ein **Verschulden** des Fahrers verursacht wurde. Nach dem Wortlaut dieser Vorschrift wird das Verschulden des Fahrers also solange *vermutet*, bis dieser selbst den Entlastungsbeweis angetreten hat.

IV. Rechtsfolge

Als Rechtsfolge kann der Verletzte Schadensersatz gemäß §§ 10 ff. StVG verlangen. Bezüglich des Mitverschuldens gilt die Sonderregelung des § 9 StVG. Demnach steht im Falle der Beschädigung einer Sache das Verschulden desjenigen, der im Unfallzeitpunkt die tatsächliche Gewalt über die Sache ausübt, dem Verschulden des Verletzten gleich.

Beispiel 97: A fährt den Passanten P an. Dadurch wird eine wertvolle Uhr, die P getragen hat, jedoch tatsächlich nur geliehen war, beschädigt. Der Eigentümer der Uhr muss sich ein etwaiges Mitverschulden des P auf seinen Schadensersatzanspruch gegen A gem. § 9 StVG i. V. mit § 254 anrechnen lassen.

Wenn der Schaden durch *mehrere Kraftfahrzeuge* verursacht wurde, ist bezüglich des Mitverschuldens § 17 I StVG zu beachten. Für die Höhe des Schadenersatzes sieht § 12 StVG bestimmte Höchstbeträge vor. Werden diese überschritten, kann der weiter gehende Schaden nur im Rahmen des § 823 verlangt werden.

K. Die Haftung des Aufsichtspflichtigen gemäß § 832

Verübt eine Person, die wegen Minderjährigkeit oder ihres geistigen oder körperlichen Zustands der Beaufsichtigung bedarf, eine tatbestandsmäßige und rechtswidrige unerlaubte Handlung, so haftet gem. § 832 I S.1 derjenige für den Schaden, der **kraft Gesetzes zur Aufsicht über diese**

Person verpflichtet ist. Häufigster Anwendungsfall ist die Haftung der Eltern für ihre minderjährigen Kinder, welche die Eltern gem. §§ 1626, 1631 zu beaufsichtigen haben. Die Haftung ist gem. § 832 I S. 2 **ausgeschlossen**, wenn der Aufsichtspflicht genügt oder der Schaden auch bei gehöriger Aufsichtsführung entstanden sein würde. Wie bei § 831 existiert also eine Haftung für vermutetes Verschulden mit der Möglichkeit der Entlastung.

L. Die Haftung des Tierhalters gemäß § 833

§ 833 regelt u.a. die Haftung des Halters eines sog. „Luxustiers", also einem Haustier, welches nicht dem Beruf, der Erwerbstätigkeit oder dem Unterhalt des Tierhalters zu dienen bestimmt ist (§ 833 S. 2).

Beispiel 98: Typische Fälle des § 833 S. 1 sind Hunde, Katzen oder Pferde, die einen Schaden verursachen, indem sie z.b. beißen, scheuen, durchgehen oder ein anderes Tier decken.

Es handelt sich bei der Haftung für ein Luxustier ebenfalls um einen Fall der **Gefährdungshaftung**, so dass es auf ein Verschulden des Halters nicht ankommt. **Halter** ist derjenige, der die Bestimmungsmacht über das Tier hat und den Nutzen des Tieres für sich in Anspruch nimmt.

Die Haftung eines Tierhalters ist gemäß § 833 S. 2 nur ausgeschlossen, wenn zwei Voraussetzungen vorliegen:

- Der Schaden ist durch ein Haustier verursacht worden, das dem *Beruf*, der *Erwerbstätigkeit* oder dem *Unterhalt* des Tierhalters zu dienen bestimmt ist (= Nutztier, z.B. Jagdhund des Försters; Esel, Rind, Schwein des Bauern; zwecks Pferdezucht gehaltener Hengst; Miet-Pferd).

- Der Tierhalter hat bei der Beaufsichtigung die im Verkehr erforderliche Sorgfalt beachtet oder der Schaden wäre auch bei Anwendung der entsprechenden Sorgfalt entstanden.

M. Die Haftung mehrerer gemäß § 830

Ist eine unerlaubte Handlung von mehreren Personen ge-
meinschaftlich begangen worden, so kann es sein, dass der
genaue Anteil eines Einzelnen am Schaden nicht mehr
genau ermittelbar ist, oder gar gänzlich unklar bleibt, *welche*
von mehreren Personen den betreffenden Schaden verursacht hat. In solchen Fällen greift die Regelung des § 830
ein, die als *selbständige Anspruchsgrundlage* (nicht als
Zurechnungsnorm!) im Zweifel eine Haftung jeder beteiligten
Person bestimmt.

Beispiel 99: A, B und C verprügeln zusammen den O. Zwar fügt nur der A
dem O eine schwere Verletzung zu. Trotzdem hat O gegen A, B und C
einen Anspruch aus § 830 I 1 auf Ersatz der Behandlungskosten.

Als **gemeinschaftliche Begehung** ist, entsprechend der
strafrechtlichen Definition der Mittäterschaft, ein *bewusstes
und gewolltes Zusammenwirken mehrerer Personen* zur
Herbeiführung eines bestimmten Erfolges zu verstehen. Die
bloße fahrlässige Nebentäterschaft wird von § 830 also nicht
mit umfasst. Der genaue Beitrag eines Einzelnen ist für eine
Haftung nach § 830 unerheblich.

Beispiel 100: Es genügt auch bereits die (allerdings nicht unerhebliche)
psychische Einwirkung auf die anderen Beteiligten. Maßgeblich ist, ob der
Wille des Teilnehmers auf eine Rechtsverletzung gerichtet und auch als
solcher erkennbar geworden ist.

N. Die Verjährung

Die Verjährung ist nach § 214 eine Einrede des Schuldners
und gibt diesem das Recht, die Leistung nach Ablauf der
Verjährungsfrist zu verweigern. Gemäß § 195 beträgt die
regelmäßige Verjährungsfrist drei Jahre.

Entsprechend der Privatautonomie dürfen die Parteien die
Verjährungsfristen im Voraus verkürzen, jedoch wegen § 202
nicht bei vorsätzlich begangenen unerlaubten Handlungen.

Die Verjährungsfrist **beginnt** gem. § 199 I mit der Entstehung des Anspruchs und der Kenntnis oder grob fahrlässigen Unkenntnis der Person des Schädigers.

Im Falle von Schadenersatzansprüchen entsteht ein solcher Anspruch auch hinsichtlich noch nicht eingetretener Schäden bereits mit der Verwirklichung des ersten Schadenpostens, soweit es sich nicht um unvorhersehbare Folgen handelt.

Es kann passieren, dass dem Verletzten die Person des Schädigers erst nach einigen Jahren bekannt wird. Für diesen Fall regelt 199 II, dass Schadenersatzansprüche wegen Verletzung des Lebens, des Körpers, der Gesundheit und der Freiheit in jedem Falle erst nach 30 Jahren verjähren. Sonstige Schadenersatzansprüche verjähren in jedem Falle gemäß § 199 III in zehn Jahren nach ihrer Entstehung oder in 30 Jahren von der Begehung der Handlung an.

▶ Literatur zu dieser Lektion

📖 Otto, **JA** 2000, 558 (Klausur zu § 823)
📖 Härting, **Jura** 1994, 250 (Hausarbeit zu § 823)
📖 Eichenhofer, **JuS** 1995, 516 (Klausur zu § 823)
📖 Dörner, **JA** 1990, Ü 196 (gelbe Seiten) (Klausur zu § 823)
📖 Kolhosser, **JA** 1991, Ü 165 (gelbe Seiten) (Klausur zu § 823)
📖 Solbach, **JA** 1992, Ü 80 (gelbe Seiten) (Anfänger-Klausur zu § 823)
📖 Salje, **JA** 1993, Ü 193 (gelbe Seiten) (Anfänger-Klausur zu § 823)
📖 von Westphalen, **Jura** 1992, 511 (Grundl. „weiterfressende Mängel")
📖 Padeck, **Jura** 1990, 92 (Hausarbeit „weiterfressende Mängel")
📖 Löwisch, **JuS** 1982, 237 (Grundl. einger. und ausgeübter Betrieb)
📖 Seiffert, **NJW** 1999, 1889 (Grundl. allg. Persönlichkeitsrecht)
📖 Deckert, **Jura** 1996, 348 (Grundl. Verkehrssicherungspflicht)
📖 Buhk, **JA** 1996, 706 (Grundl. Produzentenhaftung)
📖 Deckert, **JA** 1995, 282 (Grundl. ProdHaftG)
📖 Medicus, **Jura** 1996, 561, 565 (Grundl. Halterhaftung)
📖 Benicke, **Jura** 1996, 127 (Grundl. § 830)
📖 Schreiber, **Jura** 1987, 647, 651 (Grundl. § 831)
📖 v. Finkenstein, **Jura** 2002, 339 (Hausarbeit zu § 833)

Lektion 2: Das Bereicherungsrecht, §§ 812 ff.

Zweck des Bereicherungsrechts ist es, unberechtigte Vermögensverschiebungen rückgängig zu machen. Nach Voraussetzungen und Rechtsfolgen wird zwischen der sog. *Leistungs-* und der *Nichtleistungskondiktion* unterschieden. Letztere bezieht sich auf Vermögenserwerbe, die *ohne den Willen* des Bereicherungsgläubigers eingetreten sind.

Durch die §§ 812 ff. wird, im Gegensatz zum Rücktritt, kein altes Schuldverhältnis umgewandelt, sondern ein *neues Schuldverhältnis* begründet.

A. Die Leistungskondiktion

Die Leistungskondiktion ist einschlägig, wenn der Bereicherungsgegenstand durch eine „Leistung" erlangt worden ist. Mögliche Anspruchsgrundlagen sind § 812 I S.1, 1. Alt., § 812 I S. 2, 1. Alt., § 812 I S. 2, 2. Alt. , § 813 und § 817 S.1.

Ansprüche aus Leistungskondiktion

Leistungszweck verfehlt		Gesetzes- oder sittenwidriger Zweck: § 817 S. 1
§ 812 I S.1, 1. Alt.	§ 812 I S.2, 1. Alt.	§ 812 I S.2, 2. Alt.

Die §§ 818-820 wiederum regeln den Inhalt und genauen Umfang des jeweiligen Bereicherungsanspruchs.

I. § 812 I S.1, 1. Alt.

> ### Schema: Der Anspruch gemäß § 812 I S.1, 1. Alt.
>
> 1. **Etwas erlangt**
> 2. **Durch Leistung einer anderen Person**
> 3. **Ohne Rechtsgrund**
> 4. **Rechtsfolge: Herausgabe des Erlangten**
>   a) **Nutzungen sowie Surrogate gem. § 818 I**
>   b) **Evtl. Wertersatz, § 818 II**
>   c) **Evtl. Wegfall der Bereicherung, § 818 III**

Gemäß § 812 I S.1, 1. Alt. ist eine Leistung zurück zu gewähren, die jemand ohne rechtlichen Grund erlangt hat.

Beispiel 1: A verkauft und übereignet dem B sein Fahrrad. B wird dadurch Eigentümer und Besitzer des Fahrrads. Wenn der Kaufvertrag unwirksam ist, z.b. weil er angefochten wurde (§ 142 I) oder weil der A geschäftsunfähig (§ 105 I) war, dann hat der B das *Eigentum und den Besitz* am Fahrrad ohne wirksamen Kaufvertrag und damit ohne rechtlichen Grund erlangt. A kann dann das Fahrrad (genauer: Eigentum und Besitz daran) von B gemäß § 812 I 1, 1. Alt. herausverlangen.

1. Erste Voraussetzung ist, dass der Schuldner „**etwas erlangt**" hat, also bereichert ist. Erfasst wird hiervon *jeder Vermögensvorteil*, z.b. das Eigentum oder andere vermögenswerte Rechte, aber auch jede weitere vorteilhafte Rechtsstellung, z. B. Besitz oder die Befreiung von einer Verbindlichkeit. Der Begriff „etwas" in § 812 I S.1 ist also *sehr weit* zu fassen. Als vorteilhafte Rechtsstellung zählt daher auch die Erlangung eines Anwartschaftsrechts oder einer Eintragung als Eigentümer eines Grundstücks im Grundbuch.

Beispiel 2: A verkauft und übereignet dem B sein Grundstück, obwohl er geschäftsunfähig (§ 105 I) ist. B wird als Eigentümer im Grundbuch eingetragen. – Hier hat der wahre Eigentümer A neben dem Anspruch auf Grundbuchberichtigung aus § 894 S.1 auch einen Anspruch auf Berichtigung aus § 812 I S.1, 1. Alt.

Beispiel 3: Der minderjährige A fliegt gegen den Willen seiner Eltern mit einer Lufthansa-Maschine heimlich nach New York. Als Vermögensvorteil erlangt A dadurch die Beförderungsleistung. Wegen seiner Minderjährigkeit ist der Beförderungsvertrag unwirksam (§§ 107 ff.), so dass § 812 I S.1, 1. Alt eingreift.

2. Es muss eine **Leistung** des Gläubigers vorliegen.

Der Begriff „Leistung" wird als bewusste und zweckgerichtete Vermehrung fremden Vermögens definiert.

Der Vermögensvorteil muss also durch eine Handlung des Leistenden verursacht worden und die Vermögensmehrung als solche auch *gewollt* gewesen sein. Man spricht in diesem Zusammenhang von dem *Leistungszweck*.

Beispiel 4: A verkauft dem B sein Fahrrad, d.h. er schließt einen Kaufvertrag. Wenn A dem B das Fahrrad später übereignet (§§ 929 ff.), erfolgt diese Übereignung bewusst und zweckgerichtet, nämlich mit dem Ziel, die Übereignungspflicht aus § 433 I 1 zu erfüllen.

Beispiel 5: A montiert auf ein Fahrrad eine neue Felge, die er für 49,- € im Fahrradladen gekauft hat. A denkt, es handele sich um sein eigenes Fahrrad. Tatsächlich hat er aufgrund einer Verwechslung die Felge auf das Fahrrad des B montiert uns so dessen Vermögen gemehrt. – Hier ging A davon aus, dass er die Felge auf sein eigenes Rad montiere. Er hat an B also nicht bewusst und zweckgerichtet geleistet. Eine Leistung des A an B liegt also nicht vor.

Umstritten ist, ob schon der *generelle* Leistungswille ausreicht (so die Rechtsprechung) oder ob auf einen *konkreten*, nach den Umständen des Einzelfalls ausgerichteten Leistungswillen abzustellen ist (so die herrschende Literatur).

Beispiel 6: Eine Fluggesellschaft, die einen „blinden Passagier" befördert, leistet an diesen nach Ansicht der Literatur nicht. Denn die Beförderung soll nach dem Willen der Fluggesellschaft nur als Gegenleistung zu einem gültigen Ticket erfolgen. Ihr Leistungswille war daher bedingt. Folgt man der Ansicht der Literatur, besteht jedoch die Möglichkeit einer Eingriffskondiktion gemäß § 812 I S.1, 2. Alt. (dazu später).

3. Der Vorteil muss vom Leistungsempfänger ferner **ohne rechtlichen Grund** erlangt worden sein. Das ist typischerweise immer dann der Fall, wenn das dingliche Geschäft (Übereignung) wirksam, das schuldrechtliche jedoch unwirksam ist.

Beispiel 7: In *Beispiel 1* hat der B *Eigentum und Besitz* am Fahrrad erlangt. Da der Kaufvertrag jedoch unwirksam war, hat der B Eigentum und Besitz ohne rechtlichen Grund erlangt.

Allgemein formuliert, fehlt der Rechtsgrund immer dann, wenn der Anspruch, der mit der Leistung erfüllt werden sollte, gar nicht bestanden hat.

Beispiel 8: In *Beispiel 7* hatte der B gegen A gar keinen Anspruch auf Eigentumsübertragung aus § 433 I 1, da der Kaufvertrag unwirksam war.

Der Leistungszweck wird gem. **§ 813 I S.**1 auch verfehlt, wenn dem Anspruch eine dauerhafte (= preremptorische) Einrede entgegensteht, etwa aus § 821. Bloße vorübergehende (= dilatorische) Einreden, beispielsweise aus § 320, genügen im Rahmen des § 813 I S.1 jedoch nicht.

4. Nachdem die Punkte „1. Etwas erlangt", „2. Leistung" und „3. ohne rechtlichen Grund" bejaht worden sind, lautet der 4. Prüfungspunkt: „Rechtsfolge: Das Erlangte ist herauszugeben". Der genaue **Umfang** des Bereicherungsanspruchs ergibt sich aus § 818:

a) Gem. § 818 I muss der Bereicherungsschuldner *zusätzlich* zu dem betreffenden Gegenstand die gezogenen *Nutzungen* sowie dasjenige, was er aufgrund eines erlangten Rechts oder als Ersatz für die Zerstörung, Beschädigung oder Entziehung des erlangten Gegenstandes erworben hat, herausgeben.

Beispiel 9: A hat dem gutgläubigen B eine Kuh verkauft und übereignet, obwohl A sowohl beim Abschluss des Kaufvertrages (§ 433) als auch bei der Übereignung (§ 929) geschäftsunfähig (§ 105 I) war. Die Kuh bekommt ein Kälbchen. Kann der A von B Herausgabe des Kälbchens verlangen?

Lösung

1. Zunächst ist an das Eigentümer-Besitzer-Verhältnis (EBV) zu denken, das nach der *Rechtsprechung* dazu führt, dass eine direkte Anwendbarkeit der §§ 812 ff. ausscheidet, vgl. dazu das Skript „Einführung in das Sachenrecht 1", S. 26 f. Ein EBV liegt hier vor: A war Eigentümer, der B Besitzer der Kuh, B hatte wegen des nichtigen Kaufvertrags (§ 105 I) kein Recht zum Besitz. Weder aus § 993 I (das Kälbchen ist keine Übermaßfrucht) noch aus § 987 I (B war nicht verklagt und nicht bösgläubig) noch aus § 988 (wegen des Kaufvertrags ist ein unentgeltlicher Erwerb des B nicht gegeben) ergibt sich ein Anspruch des A auf Nutzungsherausgabe (= Kälbchen). § 993 I Hs. 2 lässt weitergehende Ansprüche auf Nutzungsherausgabe nicht zu indem er formuliert: „im Übrigen ist er weder zur Herausgabe von Nutzungen noch zum Schadensersatze verpflichtet". Die Rechtsprechung wendet daher hier § 988 analog an.

2. Die Literatur wendet §§ 812 ff. direkt an. Das Kälbchen ist als „Nutzung" (§ 100) gemäß §§ 812 I 1, 1. Alt., 818 I an A herauszugeben.

Der **bösgläubige** Empfänger muss zudem gem. §§ 818 IV, 819 I, 292, 987 II auch solche Nutzungen ersetzen, die er nicht gezogen hat, jedoch nach den Regeln einer ordnungsgemäßen Wirtschaft hätte ziehen können.

Beispiel 10: Nutzungen (§ 100) sind z.B. Zinsen von Geldbeträgen, das Kalb der Kuh, das Obst der Obstplantage.

b) Ist dem Leistungsempfänger die Herausgabe des an ihn geleisteten Gegenstandes nicht mehr möglich, hat er gemäß § 818 II **Wertersatz** in Geld zu leisten.

Beispiel 11: In *Beispiel 9* hat der B das Kälbchen bereits an den Metzger M zum regulären Verkehrswert von 600 € verkauft. - Da B das Kälbchen an A nun nicht mehr herausgeben kann, muss er den Verkehrswert (600 €) an den A gemäß §§ 812 I 1, 1. Alt., 818 II zahlen.

c) Besteht nach dem Vorgenannten ein Bereicherungsanspruch des Leistenden gegen den Leistungsempfänger, so hat Letzterer gleichwohl die Möglichkeit, sich darauf zu berufen, dass er gemäß **§ 818 III nicht mehr bereichert** sei. In diesem Falle entfällt die Verpflichtung zur Herausgabe oder zum Wertersatz.

aa) Hat der Bereicherungsschuldner bestimmte Vorteile erlangt, sind diese beim Vermögensvergleich zu berücksichtigen.

Beispiel 12: Auf das Konto des A wurden irrtümlich 1.000 € von B eingezahlt. Der gutgläubige A verwendet die 1.000 Euro dazu, um – wie schon lange geplant - neue Fliesen für das Badezimmer zu kaufen. Als B von A die 1.000 € zurückfordert, beruft sich A auf „Entreicherung", § 818 III. Zu Recht?

Lösung: Hier hat der Bereicherungsschuldner A durch die Verwendung der 1.000 € eigene Aufwendungen erspart, die er ohnehin erbracht hätte. Daher befindet sich das geleistete Geld weiterhin wertmäßig im Vermögen des A. A kann sich daher nicht auf § 818 III berufen.

Beispiel 13: Der gutgläubige A verwendet die ohne rechtlichen Grund an ihn gezahlten 1.000 € für etwas, was er sich sonst nicht geleistet hätte (z. B. zweiwöchiger Luxus-Urlaub in der Karibik) und beruft sich gegenüber B auf § 818 III. Zu Recht?

Lösung: Hier liegt keine ersparte Aufwendung vor, da der A ohne die rechtsgrundlose Überweisung des Geldes keine Reise unternommen und somit keine eigenen Aufwendungen gehabt hätte. Der A kann sich gegenüber B also auf Entreicherung i. S. d. § 818 III berufen.

bb) Unter bestimmten Voraussetzungen haftet der Bereicherungsschuldner in verstärktem Maße, so dass er sich **nicht auf eine mögliche Entreicherung** gemäß § 818 III **berufen kann.** Die wichtigsten Fälle sind

* Eintritt der Rechtshängigkeit gemäß § 818 IV

Beispiel 14: In *Beispiel 13* wird dem A am 20.12. die Klageschrift, in welcher der B Rückzahlung der 1.000 € fordert, zugestellt. Am 21.12. bucht der A den Karibik-Urlaub. Kann er sich gegenüber dem B auf § 818 III berufen? - Der Zeitpunkt der Rechtshängigkeit bestimmt sich nach §§ 253, 261 ZPO. Nach diesen Vorschriften kommt es auf die *Zustellung der Klageschrift* an. Da dem A die Klageschrift zugestellt worden war, musste er damit rechnen, dass er die 1.000 € an B herausgeben musste. Daher war A am 21.12. nicht mehr schutzwürdig und kann sich daher wegen § 818 IV auch nicht mehr auf § 818 III berufen.

- Kenntnis des Bereicherungsschuldners vom Mangel des Rechtsgrundes gemäß § 819 I. Erforderlich ist *positive Kenntnis* vom fehlenden Rechtsgrund; fahrlässige Unkenntnis genügt nicht.

  Beispiel 15: In *Beispiel 13* merkt der A sofort, dass der B die 1.000 € irrtümlich auf sein Konto überwiesen hat. Er will sich schnell „entreichern" und fliegt in den Karibik-Urlaub. – Hier konnte A aufgrund seiner Kenntnis nicht darauf vertrauen, dass er die 1.000 € behalten durfte. A wird von seiner Rückzahlungspflicht wegen §§ 819 I, 818 IV nicht frei und kann sich also nicht auf § 818 III berufen!

- Verstoß gegen ein gesetzliches Verbot oder die guten Sitten gemäß § 819 II.

cc) Problematisch sind häufig die Fälle, in denen die Parteien wechselseitige Leistungen, z. B. aus gegenseitigem Vertrag, erbringen und beide Parteien u. U. gegenseitig die Leistungen gemäß § 812 I S.1, 1. Alt. zurück fordern können.

Beispiel 16: A hat dem B einen Pkw geliefert, B hat seinerseits den Kaufpreis bezahlt. Es stellt sich die Nichtigkeit des Kaufvertrages heraus. Beide Parteien könnten nun gegeneinander Ansprüche aus ungerechtfertigter Bereicherung haben.

In diesen Fällen stellt sich die Frage, inwieweit die jeweilige Gegenleistung zu berücksichtigen ist.

Nach der sog. **Saldotheorie** werden die gegenseitigen Ansprüche beider Parteien miteinander „verrechnet", so dass im Ergebnis nur noch *einer Partei* ein Bereicherungsanspruch zusteht.

Beispiel 17: Das in *Beispiel 16* gelieferte Kfz wird von A an B für 20.000 € verkauft. Es hat aber nur einen Wert von 15.000 €. Dem Käufer B wird das Fahrzeug gestohlen. Es stellt sich die Nichtigkeit des Kaufvertrags heraus. Kann der A nun Rückgabe des Wagens und der B seinerseits Rückzahlung der 20.000 € fordern?

Lösung:
1. Rückzahlungsanspruch des B: Nach der Saldotheorie werden beide Ansprüche verrechnet. Der Wert des Wagens (15.000 €) ist vom Kaufpreis (20.0000 €) abzuziehen. Es verbleibt ein Anspruch des B gegen A auf Rückzahlung von 5.000 € gemäß § 812 I 1, 1. Alt.
2. Rückgabe des Wagens: A hat gegen B keinen Anspruch auf Rückgabe des Wagens.

Nach der sog. **Zweikondiktionentheorie** bestehen beide Bereicherungsansprüche als solche auch weiterhin fort. Es hat also jede Partei einen *selbständigen* Bereicherungsanspruch gegen die andere Seite.

Beispiel 18: Ist ein Kaufvertrag nichtig, dann kann der Verkäufer gemäß § 812 I 1 die Rückübereignung der Sache und der Käufer gemäß § 812 I 1 seinerseits Rückzahlung des Kaufpreises verlangen. In *Beispiel 17* könnte also B von A gemäß § 812 I 1, 1. Alt. die gezahlten 20.000 € zurückfordern, der A könnte seinerseits grds. den Wagen gemäß § 812 I 1, 1. Alt zurückverlangen. Da dieser gestohlen worden ist, ist der B jedoch gemäß § 818 III entreichert, so dass dem A im Ergebnis kein eigener Bereicherungsanspruch zusteht. A wird durch die Zweikondiktionentheorie im Ergebnis also benachteiligt.

Wenn es um den Schutz von **Minderjährigen** oder **Geschäftsunfähigen** geht, gelangt die *Saldotheorie* oft zu unangemessenen Ergebnissen. In diesen Fällen erfolgt daher regelmäßig eine Rückabwicklung im Wege der Zweikondiktionentheorie.

Beispiel 19: Der minderjährige M hat von A ohne die erforderliche Zustimmung seiner Eltern für 100 € ein Fahrrad erworben, welches einen Wert von 80 € hat. Das Fahrrad wird am nächsten Tag durch einen Unfall zerstört. Der Kaufvertrag ist wegen der Minderjährigkeit des M schwebend unwirksam. Welche Ansprüche hat M gegen A und A gegen M?

Lösung: Folgt man hier der *Saldotheorie*, so hat der A dem M lediglich die Differenz beider Bereicherungsansprüche, also 20 €, zu ersetzen. Da der Bereicherungsanspruch des A gegen M als solcher nicht mehr fortbesteht, kann sich M auch nicht gemäß § 818 III auf Entreicherung (das Fahrrad wurde zerstört!) berufen. Eine solche Folge widerspricht der Intention des Gesetzgebers, Minderjährige zu schützen. Daher ist die Zweikondiktionentheorie anzuwenden. Dem M ist auch weiterhin die Möglichkeit der Entreicherungseinrede zuzugestehen, so dass der Anspruch des A gegen M wegen § 818 III nicht gegeben ist und M daher von A den vollen Kaufpreis, also 100 €, verlangen kann.

Die *Saldotheorie* findet ebenfalls keine Anwendung, wenn eine der Parteien durch die andere Person **arglistig getäuscht** worden ist.

Beispiel 20: In *Beispiel 17* hat der B den Wagen nur deshalb von A gekauft, weil der A ihm wahrheitswidrig versichert hat, der Wagen sei unfallfrei. Am Tag nach der Übereignung an B wird der Wagen bei einem Unwetter ohne Verschulden des B völlig zerstört. Ein Gutachter stellt fest, dass der A dem B einen Unfallwagen verkauft, mithin den B arglistig (§ 123 I) getäuscht hat. B erklärt nun die Anfechtung des Kaufvertrags wegen arglistiger Täuschung. – Würde hier die Saldotheorie angewendet und der Bereicherungsanspruch des B gekürzt um den Wert der Gegenleistung, so würde die gesetzliche Wertung des § 123, der den Vertragspartner vor kriminellen Machenschaften schützen soll, umgangen. Daher ist die Zweikondiktionentheorie anzuwenden: B kann also von A gemäß § 812 I 1, 1. Alt. die gezahlten 20.000 € zurückfordern und dem Bereicherungsanspruch des A aus § 812 I 1, 1. Alt. gemäß § 818 III den Wegfall der Bereicherung (Zerstörung des Wagens) entgegenhalten.

II. § 812 I S. 2, 1. Alt.

Gem. § 812 I S.2, 1. Alt. kann sich ein Bereicherungsanspruch auch daraus ergeben, dass zwar ursprünglich ein Rechtsgrund für das Behaltendürfen des Gegenstandes bestanden hat, dieser Rechtsgrund jedoch später *weggefallen* ist.

Beispiel 21: Die Gründe für das spätere Wegfallen des Rechtsgrundes sind vielfältig: Möglich ist beispielsweise der Eintritt einer *auflösenden Bedingung* gemäß § 158 II oder auch der vollzogene *Rücktritt* vom Kaufvertrag. Obwohl die *Anfechtung* eines Vertrags diesen gemäß § 142 I *rückwirkend* (ex tunc) beseitigt, wird auch die Anfechtung teilweise unter § 812 I S. 2, 1. Alt. subsumiert. Ob die Anfechtung unter § 812 I S. 1, 1. Alt. oder unter § 812 I S. 2, 1. Alt. subsumiert wird, ist für das Ergebnis allerdings irrelevant.

III. § 812 I S.2, 2. Alt.

Gem. § 812 I S. 2, 2. Alt. besteht ein Anspruch aus Bereicherung, wenn der mit der *Leistung* ursprünglich *bezweckte Erfolg nicht eingetreten* ist. Voraussetzung ist stets eine gemeinsame Zweckvereinbarung der Parteien, bloß einseitige Erwartungen einer Partei reichen nicht aus.

Beispiel 22: A hat von B ein Grundstück gemietet. A baut darauf ein Haus, weil mit B vereinbart ist, dass A in Kürze Eigentümer des Grundstücks werden soll. Nachdem das Haus fertig gestellt worden ist, signalisiert der B dem A, dass er zu einer Eigentumsübertragung nicht bereit ist. Hat der A gegen den B einen Anspruch aus ungerechtfertigter Bereicherung?

Lösung: Der B hat als Eigentümer des Grundstücks auch das Eigentum am Haus (§§ 946, 94) und damit „etwas erlangt". Dies geschah durch eine Leistung des A, die den Zweck verfolgte, dass A später Eigentümer des Grundstücks wurde. Dieser Zweck ist nicht eingetreten. A hat daher gegen B einen Anspruch aus § 812 I S. 2, 2. Alt.

Ein Rückforderungsanspruch kann auch dann bestehen, wenn der Leistende eine *bestimmte Verwendung* bezweckt hat, diese Verwendung jedoch unterblieben ist.

Beispiel 23: Die Eltern schenken ihrer Tochter ein Wohnhaus in der Erwartung, dass dieses von der Tochter und ihrem Verlobten auch gemeinsam bewohnt wird. Tatsächlich wird das Haus jedoch vermietet. – Der bezweckte Leistungserfolg ist nicht eingetreten, so dass ein Rückforderungsanspruch der Eltern besteht.

Beispiel 24: Die Eltern schenken ihrer Tochter Geld, welches für den Erwerb eines Wohnhauses verwandt werden soll. Die Eltern beteiligen sich an dem Erwerb des Hauses nur deshalb, weil sie davon ausgehen, dass die Tochter mit ihrem Verlobten auch weiterhin zusammen wohnen wird. Tatsächlich trennen sich beide jedoch wenig später. – Die Leistung kann auch in diesem Falle von den Eltern zurück gefordert werden.

Beispiel 25: Anders liegt der Fall jedoch, wenn ein Ehegatte sich in der Erwartung, die Ehe bleibe weiterhin intakt, am gemeinsamen Hausbau mit eigenen finanziellen Mitteln beteiligt. Denn der mit der Leistung bezweckte Erfolg ist hier bereits mit dem Hausbau und dem gemeinsamen Beziehen des Hauses eingetreten. Ausschließlicher Leistungszweck ist nicht die dauerhafte gemeinsame Lebensführung gewesen. Allenfalls käme hier ein späterer Wegfall des zunächst bestehenden Rechtsgrundes nach § 812 I S. 2, 1. Alt. in Betracht.

Beispiel 26: Der A, der mit der B in einer *nichtehelichen Lebensgemeinschaft* lebt, wendet der B das Miteigentum an einem zur späteren gemeinsamen Lebensführung bestimmten Hausgrundstück in Erwartung des weiteren gemeinsamen Zusammenlebens zu. A und B trennen sich jedoch. - Nach der Rechtsprechung des *OLG Karlsruhe* übersteigt diese Zuwendung den Rahmen der gemeinsamen Lebensführung, so dass nach Beendigung der Lebensgemeinschaft das Miteigentum von B zurückgefordert werden kann.

IV. § 817 S.1

§ 817 S. 1 bildet einen *Sonderfall* der Leistungskondiktion. Demnach kann herausverlangt („kondiziert") werden, wenn der Leistungserfolg zwar erreicht wurde, von der Rechtsordnung aber missbilligt wird. Die praktische Bedeutung dieser Voraussetzung ist jedoch sehr gering, da in aller Regel bei einer sittenwidrigen Leistungsannahme auch das Kausalgeschäft gemäß §§ 134, 138 nichtig ist mit der Folge, dass bereits § 812 I S. 1, 1. Alt. eingreift.

V. Mehrpersonenverhältnisse

Denkbar sind gerade im Bereich der Leistungskondiktion auch Fälle, in denen mehrere Personen beteiligt sind.

1. Bereicherungskette

Von einer Bereicherungskette spricht man, wenn der Empfänger einer Leistung den betreffenden Gegenstand aufgrund eines selbstständigen Rechtsgeschäftes (z.B. Kaufvertrag) an einen Dritten weiter gibt. Ein Bereicherungsanspruch besteht grds. nur zwischen den an dieser Rechtsbeziehung Beteiligten.

Beispiel 27: A verkauft und übereignet sein Fahrrad auf folgende Weise an den C: Zunächst verkauft und übereignet er das Fahrrad an den B. B wiederum verkauft und übereignet das Fahrrad im eigenen Namen für Rechnung des A an den C. Es stellt sich heraus, dass der Kaufvertrag zwischen A und B gemäß § 105 I nichtig ist. Kann der A das Fahrrad von C gemäß § 812 I 1, 1. Alt. herausverlangen?

Lösung: Der A kann sich nur an den B, nicht aber an den C wenden, da beide Rechtsgeschäfte (A-B und B-C) voneinander unabhängig sind und ein Durchgriff von A auf C nicht in Betracht kommt. Denn der C soll mit dem Risiko, das sich aus einer Unwirksamkeit des zwischen A und B geschlossenen Vertrags ergibt, nicht belastet werden.

Anders ist der Fall gelagert, wenn der Leistungsempfänger lediglich als vermittelnde *Zwischenperson* eingesetzt wird. Dann hat der ursprünglich Leistende einen unmittelbaren Anspruch gegen den Bereicherten.

Beispiel 28: Ein Bote oder Stellvertreter ist nicht als Leistender anzusehen, da sein Vermögen nicht verändert wird. Leistender ist vielmehr der Vertretene, der daher auch einen Anspruch aus ungerechtfertigter Bereicherung unmittelbar gegen den Leistungsempfänger hat. Hätte also in *Beispiel 27* der B als Stellvertreter des A (d.h. gemäß § 164 im Namen des A und mit Vertretungsmacht) das Fahrrad an den C verkauft, so könnte der A das Fahrrad direkt von C gemäß § 812 I 1, 1. Alt. herausverlangen.

Folgende **Grundsätze** lassen sich aufstellen:

* Die Rückabwicklung findet grundsätzlich nur im jeweiligen Leistungsverhältnis, also zwischen den Parteien des jeweils fehlerhaften Kausalverhältnisses statt.
* Jeder Partei eines fehlerhaften Kausalverhältnisses bleiben ihre Einwendungen gegen die andere Partei erhalten.
* Umgekehrt ist jede Partei vor Einwendungen zu schützen, die ihr Vertragspartner aus seinem Rechtsverhältnis zu einem Dritten herleitet.
* Jede Partei trägt nur das Risiko der Zahlungsfähigkeit desjenigen, den sie sich selbst als Partner ausgesucht hat.

---

2. Dreiecksverhältnisse
a) Grundsatz

Häufig weist eine Person einen Anderen (z. B. die Bank) auf eigene Rechnung an, einen Vermögensgegenstand unmittelbar an den Empfänger zu leisten. Aufgrund einer entsprechenden **Anweisung** gemäß § 783 wird der Angewiesene auch schuldrechtlich verpflichtet, an den Leistungsempfänger zu leisten. In diesen Fällen sind dann zunächst zwei Leistungsverhältnisse zu unterscheiden:

- Das **Deckungsverhältnis** betrifft die Rechtsbeziehung zwischen dem Anweisenden und der eingeschalteten Zwischenperson (z.B. Bank). Als Rechtsgrundlage kommt eine Anweisung oder auch ein Auftragsverhältnis in Betracht.

- Das **Valutaverhältnis** wiederum ist die Rechtsbeziehung zwischen dem Anweisenden und dem Leistungsempfänger und leitet sich aus der Rechtsgrundlage her, nach welcher der Anweisende zur Leistung verpflichtet sein soll.

Beispiel 29: A hat sich gegenüber dem C aufgrund eines Kaufvertrages zur Zahlung von 1.000 € verpflichtet. Da er nicht über genügend Barmittel verfügt, weist A seine Hausbank B an, den entsprechenden Betrag von seinem (A's) Konto an C zu überweisen. Das Rechtsverhältnis zwischen A und B stellt das *Deckungsverhältnis*, die Rechtsbeziehung zwischen A und C wiederum das *Valutaverhältnis* dar.

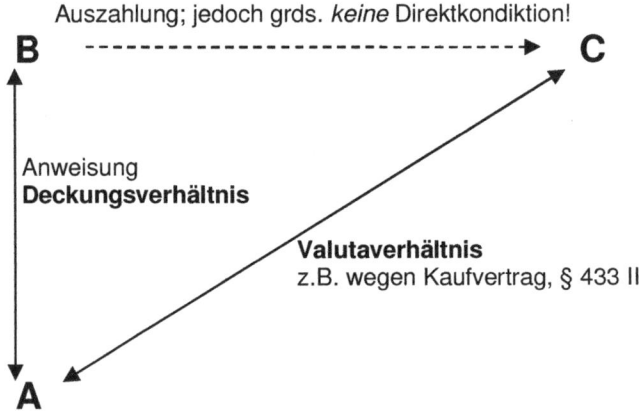

Die Rückabwicklung in diesen Fällen erfolgt grds. ebenfalls nur innerhalb der jeweiligen Schuldverhältnisse.

Beispiel 30: Die Bank B kann bereicherungsrechtliche Ansprüche daher nur gegen den Kontoinhaber A, nicht aber gegen C geltend machen. Ansprüche gegen C sind allein dem A vorbehalten.

Wird eine Forderung abgetreten und stellt sich später heraus, dass diese Forderung nicht bestanden hat, kann und muss sich der Schuldner weiterhin an den alten Gläubiger, den Zedenten, halten.

Beispiel 31: Der Gläubiger G tritt eine vermeintliche Forderung gegen den Schuldner S gem. § 397 an D ab. S zahlt den Geldbetrag an D. Später stellt sich heraus, dass die Forderung gar nicht bestanden hat. Von wem kann der S das gezahlte Geld zurückfordern?

Lösung: Der BGH vergleicht diesen Fall mit den Anweisungsfällen. Demnach ist eine Abtretung der Forderung mit der Erteilung der Anweisung an den Schuldner verbunden, nur noch an D, also den neuen Gläubiger, zu leisten. Das Verhältnis zwischen dem ursprünglichen Gläubiger G und dem S ist das Deckungsverhältnis, innerhalb dessen ein bereicherungsrechtlicher Ausgleich stattfinden muss. S kann das gezahlte Geld also von G zurückfordern.

b) Ausnahmen

In bestimmten Fällen führt die Rückabwicklung im Dreiecksverhältnis nicht zu den gewünschten Ergebnissen. Insbesondere die Rechtsprechung hat daher Ausnahmen zugelassen, in denen eine Direktkondiktion möglich ist:

aa) Wird mit der Leistung eine fremde Schuld getilgt, kann in bestimmten Fällen eine Direktkondiktion möglich sein, obwohl der Leistende in keinerlei Rechtsbeziehung mit dem Empfänger der Leistung steht.

Beispiel 32: Hierher gehören die Fälle, in denen eine Versicherung aufgrund eines bestehenden Versicherungsvertrages für den vermeintlichen Schadenverursacher an den Geschädigten zahlt. Üblicherweise kann der Geschädigte nur Leistung vom Verursacher des Schadens, nicht aber von der Versicherung verlangen. Leistet die Versicherung an den Geschädigten, so erfüllt sie gegenüber ihm eine *eigene* Verpflichtung, nämlich die vertragliche Verpflichtung aus dem Versicherungsvertrag. Auf der anderen Seite ist für die Versicherung das Valutaverhältnis von entscheidender Bedeutung: Besteht dieses nicht, so entfällt auch die Leistungsverpflichtung gegenüber dem Versicherten. Aus diesem Grunde wird der unmittelbaren Versicherungsleistung an den Geschädigten eine Fremdtilgungsbestimmung beigemessen, nach welcher die Versicherung für den Empfänger erkennbar eine fremde Schuld, nämlich die des Versicherten, tilgen will. Leistender aus Sicht des Empfängers ist daher die Versicherung, welche gem. § 812 I S.1 1. Alt. unmittelbar gegen den Leistungsempfänger vorgehen kann.

bb) Möglich ist auch, dass ein Dritter *freiwillig* auf eine fremde Schuld gemäß **§ 267 I S. 1** leistet, die in Wirklichkeit gar nicht bestanden hat.

Beispiel 33: A hilft seinem Freund B, indem er freiwillig dessen Bier-rechnung in der Kneipe an den Wirt C bezahlt. Es stellt sich heraus, dass B die Rechnung bereits an C beglichen hatte, die Forderung mithin zum Zeitpunkt der Zahlung des A an C gar nicht mehr bestand. Nach h.M. ist hier ausnahmsweise eine Direktkondiktion des A gegen C möglich.

cc) Wird ein Scheck von einem **Vertreter des Ausstellers ohne Vertretungsmacht** unterschrieben, ist ebenfalls eine Direktkondiktion möglich.

Beispiel 34: A ist Inhaber eines Schecks, den er bei seiner Bank einlöst. Die Bank stellt nach Auszahlung des Geldes an A fest, dass den Scheck nicht der Kontoinhaber K, sondern der nicht vertretungsberechtigte V unterzeichnet hat. – Mangels Zurechenbarkeit liegt keine wirksame An-weisung an die Bank zur Auszahlung des auf dem Scheck genannten Geldbetrages vor. Die Bank hat aus diesem Grund keinen Anspruch gegen den Kontoinhaber auf Rückzahlung des Geldes. Die Bank hat in diesem Falle jedoch einen direkten bereicherungsrechtlichen Anspruch gegen den Empfänger der Leistung, hier A, wobei es unerheblich ist, ob dieser den Mangel der Gültigkeit tatsächlich gekannt hat.

3. Einbaufälle

Sehr beliebt in Klausuren und Hausarbeiten sind die sog. „Einbaufälle". Hier ist meist darzulegen, dass eine objektive Betrachtungsweise *vom Standpunkt des Bauherrn* aus (= Empfängerhorizont) darüber entscheidet, als wessen Lei-stung das eingebaute Baumaterial anzusehen ist.

Beispiel 35: Bauunternehmer B vereinbart mit dem Grundstückseigen-tümer E die Erstellung eines schlüsselfertigen Hauses. B kauft im Namen des E und ohne dessen Wissen Baumaterial beim Baustoffproduzenten P. P liefert dieses auf die Baustelle, B baut es dort ein. Dann geht B pleite, ohne dem P das Material bezahlt zu haben. Kann der P nun von E Bezahlung des Baumaterials aus §§ 951, 812 I 1, 1. Alt. verlangen?

Lösung: Anspruchsgrundlage könnten §§ 951, 812 I 1, 1. Alt. sein. Dadurch, dass das Baumaterial des P mit dem Grundstück des E verbunden wurde, wurde der E gemäß § 946 dessen Eigentümer. Hat der E das Eigentum am Baumaterial durch eine Leistung des P erlangt? Der P wollte zweifelsfrei an E leisten, aus seiner Sicht besteht daher zwischen ihm und E eine Leistungsbeziehung. Nach h.M. kommt es jedoch nicht auf die Sicht des Leistenden (hier: P) an, sondern auf eine objektive Betrachtungsweise vom Standpunkt des *Bauherrn* aus (= Empfängerhorizont). Aus Sicht des Bauherrn E lag vorliegend eine Leistung des B an ihn vor, da E gar nicht wusste, dass der B das Material von P bezogen hatte. Eine Leistungsbeziehung zwischen dem P und dem E besteht also nicht, ein Anspruch aus §§ 951, 812 I 1, 1. Alt. scheidet aus.

B. Die Nichtleistungskondiktion

Wenn es um die Nichtleistungskondiktion geht, ist stets an drei Anspruchsgrundlagen zu denken:

I.	§ 816 I
II.	§ 816 II sowie
III.	§ 812 I S. 1, 2. Alt.

I. § 816 I S.1

Schema: Der Anspruch gemäß § 816 I S. 1

1. Verfügung eines Nichtberechtigten
2. Entgeltlichkeit der Verfügung
3. Wirksamkeit der Verfügung gegenüber dem Berechtigten
4. Rechtsfolge: Herausgabe des Erlangten

1. Verfügung eines Nichtberechtigten

Eine **Verfügung** ist jedes Rechtsgeschäft, welches unmittelbar auf die Begründung, Veränderung, Übertragung oder Aufhebung eines Rechts gerichtet ist.

Beispiel 36: A leiht sich das Fahrrad des B und verkauft und übereignet es an den gutgläubigen C. Die Übereignung (§ 929) stellt eine Verfügung des A dar, weil dadurch das Eigentum des B am Rad auf C übertragen wird.

Beispiel 37: A mietet die Wohnung des B für 400 €. A vermietet die Wohnung des B für 500 € weiter an den C, obwohl er dazu nicht berechtigt ist. Kann der B von A den Mehrerlös (100 €) gemäß § 816 I 1 herausverlangen?

Lösung: Bei der Untervermietung wird das Eigentum des Vermieters weder übertragen noch sonst wie geändert. Eine *Verfügung* liegt also nicht vor. Den vom Untermieter gezahlten Mietzins hat der Mieter lediglich aufgrund einer *schuldrechtlichen* Verpflichtung des Untermieters erlangt, so dass eine Kondiktion des Eigentümers nach § 816 I S.1 bereits aus diesem Grunde ausgeschlossen ist. Ungeachtet dessen bejaht eine Mindermeinung einen Anspruch aus *§ 816 I 1 analog* im Falle der unberechtigten Untervermietung.

Der Verfügende muss ferner als **Nichtberechtigter** gehandelt haben.

Beispiel 38: In *Beispiel 36* war allein der Eigentümer B berechtigt, über das Fahrrad zu verfügen (= das Eigentum zu übertragen). Der A war also Nichtberechtigter. Anders wäre es nur dann, wenn der Nichtberechtigte A vom wahren Berechtigten B eine Verfügungsbefugnis kraft Rechtsgeschäfts erhalten hätte. Hierzu zählt insbesondere die Einwilligung gemäß § 185 I.

2. Die Verfügung muss **entgeltlich** erfolgen. Das ist der Fall, wenn ihr z.B. ein Kauf zugrunde liegt.

3. Die Verfügung muss dem Berechtigten gegenüber **wirksam** sein. Eine Verfügung ist dem Berechtigten gegenüber insbesondere wirksam, wenn der Erwerber **gutgläubig das Eigentum gemäß §§ 932 ff.** erlangt hat. Der Erwerber ist gemäß § 932 II nicht in gutem Glauben, wenn ihm bekannt oder infolge grober Fahrlässigkeit unbekannt ist, dass die Sache nicht dem Veräußerer gehört.

Beispiel 39: In *Beispiel 36* war der Erwerber C laut Sachverhalt gutgläubig. Daher hat er das Eigentum am Fahrrad des B gutgläubig erworben. Also war die Verfügung des A wirksam.

Kommt dem wahren Eigentümer eine Sache abhanden, beispielsweise aufgrund eines Diebstahls, so tritt wegen § 935 I ein gutgläubiger Erwerb nicht ein. Dies bedeutet gleichzeitig, dass die Verfügung, durch die der Besitzer den Besitz erlangt hat (beispielsweise durch Übereignung unmittelbar von dem Dieb), dem wahren Eigentümer gegenüber nicht wirksam ist.

Eine unwirksame Verfügung wird jedoch rechtsgeschäftlich wirksam, wenn der Berechtigte die Verfügung genehmigt gemäß § 185 II.

Beispiel 40: Abwandlung: In *Beispiel 36* war der Erwerber C nicht gutgläubig, das Rad war außerdem gestohlen, ein gutgläubiger Erwerb daher gar nicht möglich (§ 935 I). Jedoch hat der B nachträglich seine Genehmigung erklärt. Dadurch hat der C wirksam das Eigentum am Fahrrad erworben.

4. Als **Rechtsfolge** hat derjenige, der als Nichtberechtigter verfügt hat, dem wahren Berechtigten das Erlangte, also den Erlös, herauszugeben. Hat der Verfügende aufgrund eigener Verkaufstüchtigkeit einen Gewinn gemacht, so ist dieser ebenfalls mit herauszugeben.

Beispiel 41: A leiht sich von B ein Auto, das einen Wert von 5.000 € hat. A verkauft es ohne Zustimmung des B an den gutgläubigen C für 6.000 €. Kann der frühere Eigentümer B von dem A die 6.000 € herausverlangen?

Lösung

1. Indem der A das Eigentum am PKW auf den C übertrug, hat er als *Nichtberechtigter* darüber *verfügt*.

2. Die Verfügung erfolgte aufgrund eines Kaufvertrags und damit *entgeltlich*.

3. C hat gutgläubig (§ 932) das Eigentum am PKW erworben, so dass die Verfügung des A dem B gegenüber *wirksam* war.

4. Rechtsfolge: Umstritten ist, ob nur der Wert der Sache (hier: 5.000 €) oder das komplette Entgelt (hier 6.000 €, also auch der Gewinn von 1.000 €) herauszugeben ist. Nach dem *Wortlaut* des § 816 I 1 kann jedoch das „Erlangte" herausverlangt werden. Also kann B von A 6.000 € fordern.

II. § 816 I S. 2

§ 816 I S.2 regelt den Fall, dass die Verfügung des Nichtberechtigten **unentgeltlich** erfolgte. In diesem Fall soll nicht der Verfügende, sondern der Dritte, der als einziger etwas erlangt hat, zur Herausgabe verpflichtet sein. Der Dritte ist in diesen Fällen nicht schutzwürdig. Ob die Verfügung unentgeltlich erfolgte, ist vom Standpunkt des Erwerbers, also des Dritten, zu beurteilen.

Beispiel 42: Wenn der A in *Beispiel 41* das Auto des B an den C verschenkt und das Eigentum überträgt, kann der B das Eigentum von C herausverlangen.

III. § 816 II

§ 816 II regelt den Fall, dass *an* einen Nichtberechtigten eine dem wahren Berechtigten gegenüber wirksame Leistung bewirkt wird. Im Unterschied zu § 816 I betrifft § 816 II also nur die Leistung *an* einen Nichtberechtigten. Rechtsfolge des § 816 II ist, dass der Bereicherungsschuldner das „Erlangte" herausgeben muss, wobei sich der Vermögensvorteil auf die Befreiung von der Verbindlichkeit beschränkt.

Dem Berechtigten gegenüber ist eine Leistung **wirksam**, wenn der Leistende dadurch von seiner Leistungsverpflichtung befreit wird, beispielsweise durch Erfüllung gem. § 362 I.

Beispiel 43: A hat gegen B einen Anspruch auf Kaufpreiszahlung aus § 433 II. Diesen Anspruch tritt A in der Folgezeit gem. § 398 S.1 an den C ab. B erhält von der Abtretung jedoch keine Kenntnis und meint irrtümlich, der A sei weiterhin sein Gläubiger. B zahlt den Kaufpreis daher an A. Als C hiervon erfährt, verlangt er von A erneute Zahlung. Zu Recht?

Lösung: Gemäß § 407 I ist B von seiner Schuld frei geworden, da er die Abtretung nicht kannte und annehmen musste, dass A auch weiterhin sein Gläubiger sei. Durch Erfüllung der Kaufpreisschuld ist der (zuvor von A abgetretene) Anspruch des C gegen B gem. § 362 I erloschen. Die Leistung des B an A, also die Zahlung des Kaufpreises, ist dem Berechtigten, also dem Gläubiger C, gegenüber wirksam gewesen. A ist daher als Nichtberechtigter dem C gegenüber zur Herausgabe des von B erlangten Geldbetrages gemäß § 816 II verpflichtet.

Beispiel 44: Anders liegt der Fall, wenn B an den A nur versehentlich zahlt, in Wahrheit jedoch Kenntnis von der Abtretung hatte. Der Schuldnerschutz nach § 407 I greift dann nicht ein, so dass B auch nicht von seiner Verpflichtung frei geworden ist. Der C kann allerdings die Zahlung an A nach der Vorschrift des § 185 II nachträglich genehmigen und seinerseits von A Herausgabe des Erlangten verlangen.

IV. Bereicherung in „sonstiger Weise" gem. § 812 I S. 1, 2. Alt.

Bei der Bereicherung gemäß § 812 I S.1, 2. Alt. erfolgt der Erwerb nicht durch „Leistung", sondern „in sonstiger Weise".

Da die Leistungskondiktion des § 812 I S.1, 1. Alt. grundsätzlich *vorrangig* gegenüber der Bereicherung nach § 812 I S.1, 2. Alt. ist, kommt § 812 I S.1, 2. Alt. nur in Betracht, wenn der Bereicherungsschuldner den betreffenden Gegenstand *nicht durch Leistung* irgendeiner Person erlangt hat.

Bevor also § 812 I S. 1, 2. Alt. geprüft wird, muss immer zunächst untersucht werden, ob eine Bereicherung durch Leistung vorliegt.

Schema: Der Anspruch gemäß § 812 I S. 1, 2. Alt.

---

1. Etwas erlangt
2. In sonstiger Weise auf Kosten des Anspruchstellers, also *nicht* durch Leistung
3. Ohne Rechtsgrund
4. Rechtsfolge: Herausgabe des Erlangten

Begrifflich wird zwischen der allgemeinen *Eingriffskondiktion*, der *Verwendungskondiktion* sowie der *Rückgriffskondiktion* unterschieden.

1. Die **Eingriffskondiktion** beruht auf einem Handeln des Bereicherten, indem dieser in das Recht eines anderen eingreift.

Beispiel 45: A hat dem B ein Fahrrad geliehen, welches B eigenmächtig an den gutgläubigen C weiterveräußert und übereignet. Welche Ansprüche hat A gegen C?

Lösung

1. Ein Herausgabeanspruch des A gegen C aus § 985 kommt mangels einer Vindikationslage nicht in Betracht, denn C ist wegen § 932 Eigentümer des Fahrrads geworden, A hat das Eigentum also verloren!

2. C hat auch nicht vorsätzlich oder fahrlässig das Eigentum des A gemäß § 823 I verletzt.

3. Es bestehen auch keine bereicherungsrechtlichen Ansprüche gegen C: Bevor eine etwaige Eingriffskondiktion gemäß § 812 I 1, 2. Alt. geprüft wird, muss untersucht werden, ob eine *vorrangige Leistungsbeziehung* vorliegt. C hat Eigentum und Besitz am Fahrrad durch eine Leistung des B i.S.d. § 812 I 1, 1. Alt. erlangt, so dass eine vorrangige Leistungsbeziehung gegeben ist. Eine Bereicherung „in sonstiger Weise" scheidet damit aus. A hat also gegen C keine Ansprüche. (A muss sich daher an B halten und kann z.B. den erlangten Kaufpreis gemäß § 816 I 1 einfordern).

Einen typischen Eingriff stellt das Begehen einer unerlaubten Handlung oder auch der **Rechtserwerb eines Dritten** durch Verbindung, Vermischung oder Verarbeitung gem. § 951 dar. In letzterem Fall kommt als Anspruchsgrundlage § 951 I S.1 i. V. mit § 812 I S.1, 2. Alt. in Betracht. **§ 951 I S.1** verweist auf bereicherungsrechtliche Ansprüche, wenn ein Eigentumsverlust in Folge von Verbindung, Vermischung oder Verarbeitung i. S. der §§ 946 ff. eingetreten ist. Dieser Verweis bezieht sich auf alle Vorschriften des Bereicherungsrechts.

Beispiel 46: Hersteller H liefert an den Bauunternehmer B unter Eigentumsvorbehalt insgesamt 10 Tonnen Beton, die der B für den Neubau des dem Grundstückseigentümer E gehörenden Hauses verwendet. B geht pleite, ohne dem H den Beton bezahlt zu haben. Kann der H nun von E Zahlung des Betons verlangen?

Lösung

1. H könnte gegen E einen Anspruch auf Zahlung aus §§ 951, 812 I 1, 2. Alt. (Eingriffskondiktion) haben.

a) Der H hat, wie von § 951 vorausgesetzt, sein bis dahin wegen des Eigentumsvorbehalts bestehendes Eigentum am Beton verloren, indem der B den Beton mit dem Grundstück verband. Dadurch wurde E gemäß § 946 Eigentümer des Betons.

b) Die Eingriffskondiktion (= Nichtleistungskondiktion) ist subsidiär. Sie scheidet stets aus, wenn eine *vorrangige Leistungsbeziehung* gegeben ist. Eine solche vorrangige Leistungsbeziehung könnte zwischen dem B und dem E bestanden haben:

aa) Gegen eine solche vorrangige Leistungsbeziehung spricht, dass der E das Eigentum am Beton nicht kraft *Rechtsgeschäfts*, sondern kraft *Gesetzes* (nämlich nach § 946) erlangt hat (vgl. auch den sog. *Jungbullenfall, Beispiel 47*).

bb) Der BGH verweist demgegenüber darauf, dass zwischen dem B und dem E ein *Werkvertrag* (§ 631) bestanden habe. Es komme darauf an, wen der Empfänger (hier: E) vernünftigerweise als Leistenden ansehen durfte. Maßgebend sei eine *objektive Betrachtungsweise vom Standpunkt des Bauherrn* aus (= Empfängerhorizont). Aus Sicht des Bauherrn E lag vorliegend eine Leistung des B an ihn vor. Also ist eine vorrangige Leistungsbeziehung gegeben. Demnach scheidet ein Anspruch des H gegen E aus Eingriffskondiktion gemäß §§ 951, 812 I 1, 2. Alt. aus.

2. Ein Anspruch aus § 823 I (Eigentumsverletzung) ist nur gegeben, wenn man bejaht, dass den E eine *Erkundungspflicht* hinsichtlich der Eigentumsverhältnisse am Beton traf.

Wenn die Sache, welche eingebaut bzw. verarbeitet worden ist, dem Eigentümer i.S.d. § 935 I abhanden gekommen ist, dann ist aus der Wertung des § 935 I zu entnehmen, dass dem früheren Eigentümer gegenüber dem Erwerber ein Bereicherungsanspruch gemäß §§ 951, 812 I 1, 2. Alt. zustehen soll.

Beispiel 47: Dieb D stiehlt ein Rind von der Weide des Bauern B und verkauft und übereignet es an den Metzger M. Das Rind wird vom M zu Wurst verarbeitet. Besteht ein Bereicherungsanspruch des B gegen M?

Lösung

B könnte gegen M einen Anspruch auf Zahlung aus §§ 951, 812 I 1, 2. Alt. (Eingriffskondiktion) haben.

a) Der B hat, wie von § 951 vorausgesetzt, sein bis dahin bestehendes Eigentum am Rind verloren, indem der M das Rind zu Wurst verarbeitete. Dadurch wurde M gemäß § 950 Eigentümer.

b) Der M hat „etwas erlangt", nämlich das Eigentum an der Wurst.

c) Die Eingriffskondiktion (= Nichtleistungskondiktion) ist subsidiär. Sie scheidet stets aus, wenn eine *vorrangige Leistungsbeziehung* gegeben ist. Eine solche vorrangige Leistungsbeziehung könnte zwischen dem D und dem M bestanden haben. Aus der gesetzlichen Wertung des § 935 I ergibt sich jedoch, dass eine solche vorrangige Leistungsbeziehung hier nicht gegeben ist, dem Bestohlenen B mithin ein Bereicherungsanspruch zustehen soll: Durch die Übereignung des Rinds von D an M gemäß § 929 S. 1 konnte M wegen § 935 I noch kein Eigentum erwerben. Folge: *Vor* der Verarbeitung zu Wurst hätte der B das Rind von M gemäß § 985 herausverlangen können. M soll durch die Verarbeitung und den späteren Eigentumserwerb gemäß § 950 nicht privilegiert werden. Fazit: Eine vorrangige Leistungsbeziehung zwischen D und M ist nicht gegeben.

d) M hat das Eigentum an der Wurst in sonstiger Weise – kraft Gesetzes – erlangt.

e) Die Bereicherung erfolgte ohne Rechtsgrund.

f) Ergebnis: B hat daher gegen M einen Anspruch auf Zahlung aus §§ 951, 812 I 1, 2. Alt. (Eingriffskondiktion).

Beispiel 48: Was ändert sich in *Beispiel 46*, wenn der Bauunternehmer B den für das Haus des E verwendeten Beton nicht von Hersteller H gekauft, sondern ihn gestohlen hatte?

Lösung: Wegen § 935 I bestünde wie in *Beispiel 47* ein Bereicherungsanspruch des H gegen E.

Weitere Voraussetzung ist, dass der Bereicherungsschuldner die Sache „**auf Kosten**" des Anspruchstellers erworben hat. Dies ist der Fall, wenn der Bereicherungsschuldner *in den Zuweisungsgehalt eines Rechts des Anspruchstellers eingegriffen hat.* Ein solcher Eingriff liegt vor, wenn der Bereicherungsschuldner fremde Nutzungs-, Gebrauchs- oder Verwertungsbefugnisse in Anspruch genommen hat.

Beispiel 49: Der Mieter M hat seine Wohnung für einen Zeitraum von zwei Monaten gegen Entgelt an den A untervermietet, obwohl ihm dies zuvor in seinem Mietvertrag von seinem Vermieter (V) untersagt worden ist. Nach Ablauf der zwei Monate erhält V Kenntnis von der Untervermietung. Welche Ansprüche stehen dem V gegen M zu?

Lösung

1. V könnte gegen M einen Anspruch auf Schadenersatz gem. §§ 280 I, 535 in Höhe der erlangten Miete haben.

Zwar hat M eine Pflichtverletzung begangen, indem er entgegen den Bestimmungen des Mietvertrages die Wohnung an den A weiter vermietet hat. Jedoch ist dem V *kein Schaden* entstanden, da er den vertraglichen Mietzins von M weiterhin erhalten hat und keine Hinweise für eine höhere Abnutzung der Wohnung bestehen.

2. V könnte ferner gegen M einen Anspruch auf Herausgabe der erlangten Nutzungen gem. §§ 987 I S.1, 990 I S.1 haben.

Auch ein solcher Anspruch scheitert jedoch, da M zum Besitze berechtigt gewesen ist und es somit an einer Vindikationslage zwischen dem Eigentümer und einem unberechtigten Besitzer fehlt.

3. V könnte ein Anspruch auf Schadenersatz gegen M gem. § 823 I zustehen.
Ein solcher Anspruch scheitert bereits an einer fehlenden Eigentumsverletzung.

4. Möglicherweise hat V aber einen Anspruch gegen M auf Herausgabe der erlangten Miete gem. § 816 I.

Erforderlich ist zunächst, dass M mit der Untervermietung als Nichtberechtigter eine *Verfügung* getroffen hat. Eine Verfügung kann aber nur vorliegen, wenn der Inhalt des Eigentumsrechts des V verändert oder aufgehoben worden ist. In der Übertragung des Besitzrechts an den A kann eine solche Änderung jedoch noch nicht erblickt werden, da dem M ein Besitzrecht an der Mietsache nur begrenzt zugewiesen ist und eine Änderung des Eigentumsrechts allein durch eine Untervermietung nicht erfolgen konnte.

5. Ein Anspruch des V auf Herausgabe der erlangten Miete könnte sich aus § 812 I S.1, 2. Alt. ergeben.

Dies setzt voraus, dass M den Mietzins unter Eingriff in den Zuweisungsgehalt eines Rechts des V erlangt hat.

Durch eine unberechtigte Untervermietung greift der Mieter aber nicht in den Zuweisungsgehalt eines fremden Rechts ein, da der Vermieter bereits vorher die Gebrauchsmöglichkeit der Wohnung an den Mieter übertragen hat. M ist dem E gegenüber also selbst nicht zur Herausgabe des erlangten Mietzinses nach § 812 I S.1, 2.Alt. verpflichtet.

Ergebnis: V hat keine Ansprüche gegen M auf Herausgabe der erlangten Miete.

2. Im Falle der sog. **Verwendungskondiktion** macht der Anspruchsteller Aufwendungen auf die Sache, durch welche dem Anspruchsgegner Vermögensvorteile entstehen.

Beispiel 50: Waldbesitzer W1 besprüht vom Hubschrauber aus seinen Wald mit einem Mittel gegen den Borkenkäfer, der sich überall stark ausgebreitet hat. Er verwechselt aber den Wald des W1 und besprüht stattdessen den Wald des Waldbesitzers W2. – W1 kann hier von W2 seine Aufwendungen ersetzt verlangen.

3. Umstritten ist, ob als zusätzlicher Unterfall zu § 812 I S.1, 2. Alt. auch die sog. **Rückgriffskondiktion** zu rechnen ist. Dies betrifft die Fälle, in denen eine dritte Person eine Verbindlichkeit des Schuldners ohne dessen Zustimmung tilgt und anschließend den entsprechenden Betrag unmittelbar vom Schuldner zurückfordert.

Beispiel 51: S schuldet G 500 €. Um gegen S ein Druckmittel in der Hand zu halten, begleicht D, ein Bekannter des S, den noch nicht fälligen Betrag und fordert das Geld von S zurück. – Sofern nicht schon die Leistungskondiktion einschlägig ist (im Normalfall *leistet* D an G!) und ein Anspruch nach § 812 I S.1, 2. Alt. daher ausscheidet, ließe sich in solchen Fällen nach teilweise vertretener Ansicht über das Institut der Rückgriffskondiktion ein Anspruch des D gegen S gem. § 812 I S.1, 2. Alt. bejahen.

C. Ausschluss der Bereicherungsansprüche

I. Ausschluss gemäß § 814, 1. Alt.

Der Anspruch aus ungerechtfertigter Bereicherung ist gem. § 814, 1. Alt. **ausgeschlossen**, wenn der Leistende von der bestehenden Nichtschuld **positive Kenntnis** hatte. Bloße *Fahrlässigkeit,* auch grobe Fahrlässigkeit, reicht demnach noch nicht aus. Nach der Rechtsprechung handelt es sich bei § 814 S. 1 um eine besondere Ausformung des Grundsatzes von Treu und Glauben: Wer weiß, dass er zur Leistung nicht verpflichtet ist und dennoch leistet, würde sich im Falle der Rückforderung der Leistung zu seinem früheren Verhalten in Widerspruch setzen („venire contra factum proprium"). Um den Folgen des § 814, 1. Alt. zu entgehen, kann es also sinnvoll sein, sich bei Leistung die Rückforderung ausdrücklich vorzubehalten.

II. Ausschluss gem. § 814, 2. Alt.

Der Anspruch ist gem. § 814, 2. Alt. auch ausgeschlossen, wenn die Leistung einer **sittlichen Pflicht** oder oder einer **auf den Anstand zu nehmenden Rücksicht** entsprach.

Beispiel 52: Der Sohn zahlt an seine Mutter Unterhalt, wobei sich nachträglich herausstellt, dass ein diesbezüglicher Unterhaltsanspruch nie bestanden hat. Die Mutter ist wegen § 814, 2. Alt. nicht zur Rückzahlung verpflichtet, da die Zahlung an sie einer sittlichen Pflicht des Sohnes entsprochen hat.

III. Ausschluss gem. § 817 S. 2

Gem. § 817 S.2 ist ein Anspruch gegen einen Leistungsempfänger, der durch die Annahme gegen ein gesetzliches Verbot oder die guten Sitten verstoßen hat, ausgeschlossen, wenn dem Leistenden ebenfalls ein solcher Verstoß zur Last fällt. In direkter Anwendung des § 817 S. 2 muss also ein sittenwidriges Verhalten sowohl von Leistendem und Leistungsempfänger vorliegen. Da jedoch der sittenwidrig Leistende auch dann nicht schutzwürdig ist, wenn der Empfänger selbst rechtmäßig handelt, wird § 817 S. 2 auf solche Fälle analog angewandt.

Beispiel 53: Der klassische Fall zu § 817 S. 2 ist der Wucherer-Fall: Kredithai K vergibt zu Wucherzinsen ein Darlehen von 5.000 Euro an den Bauarbeiter B. Da der Darlehensvertrag wegen Sittenwidrigkeit (§ 138 I) nichtig ist, verlangt der K von B gemäß § 812 I 1, 1. Alt. die Rückzahlung des Darlehens plus der Zinsen. Zu Recht?

Lösung

1. Der B hat „etwas", nämlich die ausgezahlten 5.000 Euro, erlangt.

2. Dies geschah bewusst und zweckgerichtet, mithin durch eine Leistung des K.

3. Der Darlehensvertrag war nichtig. Also erfolgte die Leistung ohne rechtlichen Grund.

4. Die Voraussetzungen der Leistungskondiktion gemäß § 812 I 1, 1. Alt. liegen vor.

5. Der Rückforderungsanspruch des K könnte jedoch gemäß § 817 S. 2 ausgeschlossen sein. Der Leistende K wusste, dass die Kreditvergabe zu Wucherzinsen gegen die guten Sitten verstieß. Somit ist eine Rückforderung des Geleisteten gemäß § 817 S. 2 ausgeschlossen. Fraglich ist aber, was unter „*Geleistetem*" hier genau zu verstehen ist. Bei einem Darlehen besteht die Leistung des Darlehensgebers darin, dem Darlehensnehmer Kapital auf Zeit zu überlassen, damit er mit dem Geld wirtschaften kann. Das Kapital selbst hingegen stellt *keine* Leistung des Darlehensgebers dar. Somit ist vorliegend *nur ein Zinsanspruch* des K gemäß § 817 Satz 2 ausgeschlossen. K kann die 5.000 Euro also von K zurückfordern gemäß § 812 I 1, 1. Alt.

▶ Literatur zu dieser Lektion

📖 Skript **Standardfälle Zivilrecht für Anfänger**, Fälle 5, 14

📖 Giesen, **Jura** 1995, 169; 234; 281 (Grundfälle zu § 812)

📖 Hoffmann, **Jura** 1997, 416 (Grundlagen Saldotheorie)

📖 Nippe, **Jura** 1994, 44 (Klausur zu § 816)

📖 Radke, **JA** 2000, 202 (Grundlagen zu § 816)

📖 Hesse, **JA** 1996, 827 (Urteilsbespr. zur Untervermietung)

Lektion 3: Der Bürgschaftsvertrag, § 765

A. Begriffsbestimmung

Der Bürgschaftsvertrag sichert gemäß § 765 eine fremde Schuld dadurch, dass neben dem Schuldner eine dritte Person, genannt Bürge, haftet. Die Entstehung der Hauptschuld und die Entstehung der Schuld des Bürgen gründen sich auf verschiedene und rechtlich voneinander unabhängige Rechtsgeschäfte.

Beispiel 1: K kauft von V ein Auto. V übergibt dem K das Auto. Da der V nicht sicher ist, ob K den Kaufpreis tatsächlich bezahlen kann, verlangt er als Sicherheit eine Bürgschaft. Der Bürge B erklärt sich hierzu bereit und schließt mit V einen Bürgschaftsvertrag. – Hier besteht zwischen V und K die Hauptschuld aus dem Kaufvertrag (§ 433 II). Wenn der Hauptschuldner K den Kaufpreis an V nicht zahlt, kann V sich das Geld auch vom Nebenschuldner, dem Bürgen B „holen". Die Bürgschaft des B sichert also den Kaufpreisanspruch des V aus § 433 II.

Beispiel 2: Darlehensnehmer D nimmt bei der Sparkasse S einen Kredit auf. Die S ist sich nicht sicher, ob der D in der Lage sein wird, den Kredit zurückzuzahlen. Sie fordert daher, dass sich jemand für den D verbürgt. Dies tut der Bürge B, indem er mit der S einen Bürgschaftsvertrag schließt. Falls der Hauptschuldner D nun den Kredit nicht zurückzahlt, kann die S sich das Geld notfalls vom Nebenschuldner B „holen". Die Bürgschaft des B sichert also den Rückzahlungsanspruch der S aus § 488 I S. 2.

Kennzeichnend für eine Bürgschaft ist die **Abhängigkeit der Bürgschaftsverpflichtung vom Bestehen der Hauptschuld**. Besteht die Hauptschuld nicht oder nicht mehr, so kann der Bürge grds. auch nicht in Anspruch genommen werden.

Beispiel 3: In *Beispiel 1* zahlt der K an V den vollen Kaufpreis für das Auto. In *Beispiel 2* zahlt der D die Hälfte des Kredits an die S zurück. – Die Zahlung führt dazu, dass in *Beispiel 1* die Bürgschaftsschuld des B gegenüber V vollständig und in *Beispiel 2* gegenüber der S zur Hälfte erlischt.

Abzugrenzen ist der Bürgschaftsvertrag regelmäßig von folgenden Vertragstypen:

- **Abstraktes Schuldanerkenntnis** (§§ 780, 781)
  Abgrenzungskriterium: Nicht akzessorisch

- **Selbstständiger Garantievertrag**
  Abgrenzungskriterium: Eigenes wirtschaftliches Interesse des Garanten.

- **Erfüllungsübernahme** (§ 329)
  Abgrenzungskriterium: Gläubiger soll keinen eigenen Anspruch gegen den Übernehmer der Schuld bekommen

- **Befreiende Schuldübernahme** (§§ 414, 415)
  Abgrenzungskriterium: Keine neue Verbindlichkeit, lediglich Schuldnerwechsel

- **Schuldbeitritt**
  Abgrenzungskriterium: Beitritt eines neuen Schuldners zur Hauptforderung.

B. Die Haftung des Bürgen

Der Bürge haftet nur, wenn
- der Bürgschaftsvertrag wirksam ist
- die Hauptforderung besteht, sog. *Akzessorietätsprinzip.*

I. Die Wirksamkeit des Bürgschaftsvertrags

1. Der Bürgschaftsvertrag kommt wie jeder andere Vertrag durch eine Einigung über die wesentlichen Vertragsbestandteile gemäß §§ 145 ff. zustande. Er kann z.B. wegen Geschäftsunfähigkeit des Bürgen (§ 105 I) oder wegen einer Anfechtung (§§ 119, 123, 142 I) nichtig sein. Inhalt des Vertrages ist, dass der Bürge für eine Forderung des Gläubigers gegen den Schuldner einzustehen hat.

2. Dem zur wirksamen Entstehung der Bürgschaft erforderlichen **Bestimmtheitsgrundsatz** wird dann Rechnung getragen, wenn die zu sichernde Forderung genau bezeichnet, also *bestimmt* ist.

3. Bürgschaftsverpflichtungen, die in **Allgemeinen Geschäftsbedingungen** (§§ 305 ff.) festgelegt sind, können, wenn sie die verbürgte Forderung nicht näher bezeichnen, gegen § 305c und § 307 verstoßen. Beliebt sind insbesondere Klauseln, welche den Umfang der Bürgschaftsverpflichtung auf *„alle gegenwärtigen und künftigen Forderungen"* ausdehnen. Zweckerklärungen, welche die Bürgenhaftung über die Verbindlichkeit des Hauptschuldners, *die Anlass für die Verbürgung war*, hinaus ausdehnen, stellen eine unangemessene Benachteiligung des Bürgen gemäß § 307 dar. Als Anlass für die Bürgschaftsübernahme ist beispielsweise anzusehen:

- Das Kreditlimit bei Kontokorrentkrediten
- Der Saldo eines Girokontos
- Bei einem Tilgungskredit die Höhe der noch ausstehenden Raten
- Verbindlichkeiten, welche für den Bürgen erkennbar noch nicht genau bestimmbar sind.

Beispiel 4: A möchte sich bei der Bank (B) für die Verbindlichkeiten seines Neffen (N) verbürgen. Anlass sind bestehende Forderungen der Bank gegen N aufgrund dessen im „Soll" stehenden Girokontos. Ein Bankangestellter händigt dem A ein Formular aus, in welchem eine Klausel enthalten ist, nach der A sich auch für Forderungen aufgrund sonstiger Verträge und Konten verbürgt. Als A später durch die Bank wegen der Schulden des N aus Wertpapierkäufen in Anspruch genommen wird, ist A empört und beruft sich auf die Unwirksamkeit der Bürgschaftsklausel. Zu Recht?

Lösung: Für die Bank bestand im Zeitpunkt der Bürgschaftserklärung lediglich ein Sicherungsbedürfnis hinsichtlich der Schulden des N aus dem Girovertrag. Diese Schulden waren Anlass der Verbürgung. Wenn der Bürge einem für ihn in seinem Umfang nicht vorhersehbaren, über das aktuelle Sicherungsbedürfnis des Gläubigers hinausgehenden Risikos ausgesetzt wird, ist dies unzulässig. Der Kreis künftiger Forderungen muss für den Bürgen erkennbar klar abgegrenzt sein. Zukünftig abzuschließende

Verträge sind vorliegend jedoch nicht Anlass der Bürgschaft gewesen, so dass sich A hierfür auch nicht verbürgt haben kann. Die Klausel ist daher gemäß § 307 I nichtig.

Hinweis: Ein Verstoß gegen § 307 führt lediglich zur Unwirksamkeit der betreffenden Klausel, lässt aber gemäß § 306 I die Wirksamkeit der Bürgschaftserklärung im Übrigen unberührt. Soweit A sich also für die Verbindlichkeiten des N *aus dem Girovertrag* verbürgt hat, bleibt diese Haftung weiterhin bestehen!

4. Fraglich ist, ob eine Bürgschaft auch wegen **Verstoßes gegen Vorschriften des Verbraucherschutzes**, also insbesondere §§ 491 ff. und § 312 ff., unwirksam sein kann. Eine *direkte* Anwendung der §§ 491 ff. auf die Bürgschaft scheidet aus, da diese lediglich ein Sicherungsmittel, nicht aber einen eigenständigen Darlehensvertrag darstellt.

Nach h. M. entfällt auch eine analoge Anwendung der Vorschriften zum Verbraucherdarlehen, da keine vergleichbare Interessenlage vorliegt.

Die früheren „**Haustürgeschäfte**" fallen seit einer Gesetzesänderung im Juni 2014 unter „außerhalb von Geschäftsräumen geschlossene Verträge", § 312 b. Umstritten ist, ob Bürgschaftserklärungen auch nach dieser Gesetzesänderung weiterhin widerruflich sind (§ 312 g). Der BGH verneint dies, Urt. v. 22.09.2020, Az. XI ZR 219/19.

5. Ein Bürgschaftsvertrag kann auch gemäß § **138 sittenwidrig** und damit nichtig sein. Dies ist dann von Bedeutung, wenn der Bürge für eine Schuld einstehen muss, mit der er finanziell von Anfang an *krass überfordert* ist. Ein Verstoß gegen § 138 kann jedoch nur in seltenen Fällen und unter strengen Voraussetzungen angenommen werden:

a) Der Bürge muss in einem **Näheverhältnis** beziehungsweise in besonderer emotionaler Verbundenheit zum Schuldner stehen. Als Näheverhältnis gilt vor allem die Beziehung der Kinder zu ihren Eltern sowie der Ehepartner untereinander, einbezogen sind aber auch Partner einer nichtehelichen Lebensgemeinschaft sowie GmbH-Gesellschafter im Verhältnis zur GmbH.

Beispiel 5: Vater V nimmt bei der Bank B einen Kredit auf, um damit das neu gebaute Eigenheim zu finanzieren. Der 18-jährige Sohn des V, der noch zur Schule geht und die Ehefrau des V verbürgen sich gegenüber der Bank für die Darlehensforderung, die die Bank nun gemäß § 488 I 2 gegen V hat.

b) Im Zeitpunkt des Eingehens der Bürgschaft muss der Bürge **mittellos** sein, d. h. er darf über kein eigenes Einkommen oder sonstiges Vermögen verfügen. Voraussetzung ist weiter, dass er auch bei günstiger Prognose in Zukunft nicht in der Lage sein wird, einen erheblichen Teil der Hauptschuld zu tilgen.

Nach der früheren Rechtsprechung des 9. Zivilsenats des BGH war dies regelmäßig der Fall, wenn die pfändbaren Einkünfte des Bürgen aller Voraussicht nach nicht ausreichen, in fünf Jahren auch nur ein Viertel der Hauptschuld abzudecken. Bei Ehegatten war eine Gesamtbetrachtung vorzunehmen.

Nach einem neueren Urteil des 9. Senats ist entscheidend, dass die Bürgschaftsverbindlichkeiten so hoch sind, dass bereits bei Vertragsabschluß nicht zu erwarten ist, dass der Bürge die Forderung wenigstens zu wesentlichen Teilen tilgen kann. Das ist der Fall, wenn er nicht einmal die *laufenden Zinsen der Hauptschuld* aus dem pfändbaren Teil seines Einkommens aufbringen kann.

Beispiel 6: In *Beispiel 5* ist die Ehefrau des V Hausfrau und verfügt daher über kein eigenes Einkommen. Der Sohn S ist noch Schüler und daher ebenfalls ohne eigenes Einkommen. Bei beiden ist daher nicht zu erwarten, dass sie die Forderung wenigstens zu wesentlichen Teilen tilgen können. Nach der Rechtsprechung des BGH ist allerdings zu berücksichtigen, dass die Bürgschaftsschuld einer Ehefrau z.B. durch Verkauf des selbst bewohnten Eigenheims getilgt werden kann. In diesem Fall liegt keine Sittenwidrigkeit vor.

c) Die Sittenwidrigkeit ist trotz finanzieller Überforderung des Bürgen zu verneinen, wenn ein **berechtigtes Interesse** des Gläubigers besteht. Bei einer Ehegattenbürgschaft wurde früher der Zweck, Vermögensverschiebungen zwischen den Ehegatten zu verhindern, vom 9. Senat des BGH als berechtigtes Interesse anerkannt. Damit sollte vermieden werden, dass ein Ehegatte zum Schutz vor seinen Gläubigern sein ganzes Vermögen auf den anderen Ehegatten überträgt. War der Gläubiger eine Bank, musste diese jedoch den entsprechenden Bürgschaftszweck ausdrücklich als solchen festlegen. Der 11. Senat hat inzwischen jedoch entschieden, dass das Bedürfnis der Kreditinstitute nach Schutz vor Vermögensverschiebungen zwischen Eheleuten regelmäßig keine wirtschaftlich sinnlosen Bürgschaftsverträge rechtfertigt und als Konsequenz die oben stehende Rechtsauffassung aufgegeben.

d) Erforderlich ist weiter eine subjektive Komponente: Der Gläubiger muss von den die Sittenwidrigkeit begründenden Umständen **Kenntnis** haben oder sich den Umständen bewusst verschließen. Bei Bankbürgschaften eines Ehegatten, Lebenspartners oder eines nahen Angehörigen spricht allerdings eine widerlegbare *Vermutung* dafür, dass dieser sich nur aufgrund einer emotionalen Bindung an den Schuldner oder aufgrund geschäftlicher Unerfahrenheit auf den Bürgschaftsvertrag eingelassen und die Bank dies in verwerflicher Weise ausgenutzt hat.

6. Gemäß § 766 bedarf ein Bürgschaftsvertrag zu seiner Wirksamkeit grds. der **Schriftform**. Damit soll der Bürge vor *Übereilung* gewarnt werden. Bei einer Verletzung der Formvorschrift ist die Bürgschaft gemäß § 125 S.1 **nichtig**.

Beispiel 7: In *Beispiel 5* ruft die Bank bei der Ehefrau des V an und fragt, ob sie bereit sei, für das Darlehen des V zu bürgen. Die Ehefrau bejaht dies. Liegt ein wirksamer Bürgschaftsvertrag vor?

Lösung: Ein Bürgschaftsvertrag wurde hier zwar durch Angebot und Annahme geschlossen. Da dies nicht schriftlich geschehen ist, ist der Vertrag allerdings unwirksam, §§ 766 S. 1, 125 S. 1.

Dies gilt gemäß § 350 HGB jedoch nicht für **Kaufleute**, soweit es sich bei dem Bürgschaftsvertrag um ein beiderseitiges Handelsgeschäft i. S. des § 343 I HGB handelt.

Beispiel 8: Unternehmer U1 wird von Unternehmer U2 angerufen. U2 fragt, ob U1 bereit sei, für die Kaufpreisschuld (§ 433 II) aus der letzten Lieferung zu bürgen. U1 bejaht dies. Liegt ein wirksamer Bürgschaftsvertrag vor?

Lösung: Ein Bürgschaftsvertrag wurde hier durch Angebot und Annahme geschlossen. Wurde die Form eingehalten? Gemäß § 350 HGB findet § 766 S. 1 keine Anwendung. § 350 setzt voraus, dass ein Handelsgeschäft vorliegt. Handelsgeschäfte sind gemäß § 343 alle Geschäfte eines Kaufmanns, die zum Betrieb seines Handelsgewerbes gehören. Gemäß § 344 gelten die von einem Kaufmann vorgenommenen Rechtsgeschäfte im Zweifel als zum Betrieb seines Handelsgewerbes gehörig. Der zwischen U1 und U2 telefonisch geschlossene Bürgschaftsvertrag ist damit wirksam.

In Ausnahmefällen kann eine Berufung auf die Nichtigkeit wegen Verletzung der Formvorschriften allerdings gegen Treu und Glauben (§ 242 I) verstoßen, etwa wenn die Bürgschaft schon mehrere Jahre besteht und für den Bürgen wirtschaftlich vorteilhaft gewesen ist.

II. Das Bestehen der Hauptforderung (Akzessorietät)

Die Bürgschaftsschuld ist vom Bestehen der Hauptschuld abhängig, also **akzessorisch**. Die Hauptschuld darf nicht erloschen und muss außerdem durchsetzbar sein.

Beispiel 9: Keine wirksame Bürgschaft liegt daher vor, wenn sich der Bürge für ein wegen Sittenwidrigkeit nichtiges Darlehen verbürgt hat.

Bürgschaft = akzessorisches Recht

Entsteht erst mit Entstehen des Haupt- rechts, § 765	Erlischt mit Erlöschen des Hauptrechts, § 767	Durchsetzbar mit Hauptrecht, §§ 770, 768	Geht über mit Abtre- tung der Hauptfor- derung, § 401

Wird die Hauptschuld beschränkt oder erlischt sie nachträglich, beschränkt sich bzw. erlischt in gleicher Weise die Bürgschaftsschuld. Eine Ausnahme kann sich im Einzelfall aus dem Bürgschaftszweck ergeben, wobei allerdings darauf zu achten ist, dass formularmäßig getroffene Vereinbarungen mit dem Inhalt, dass der Umfang der Bürgschaft nicht von dem Bestand der Hauptschuld abhängig sein soll, unwirksam sind.

C. Gegenrechte des Bürgen

I. Allgemeine Einreden und Einwendungen

Dem Bürgen stehen zunächst die allgemeinen Einreden und Einwendungen (z.b. Aufrechnung, §§ 387 ff.) gegen die Bürgschaft zu, soweit deren Voraussetzungen vorliegen.

Beispiel 10: Der Gläubiger G nimmt den Bürgen B aus dem Bürgschaftsvertrag in Anspruch und verlangt Zahlung von 1.000 €. B hat seinerseits aber eine Forderung in Höhe von 1.000 € gegen den G und rechnet hiermit auf. Dadurch erlischt die Forderung des G, § 389.

II. Einrede der Vorausklage, § 771

Neben den allgemeinen Einreden kann der Bürge auch spezielle Einreden geltend machen, insbesondere aus § 771 S.1. Die Haftung des Bürgen ist **subsidiär zur Haftung des Hauptschuldners.** Dies verdeutlicht § 771: Der Bürge kann den Gläubiger darauf verweisen, zunächst Befriedigung aus dem Vermögen des Hauptschuldners zu suchen.

> Erhebt der Bürge die Einrede aus § 771, so kann der Gläubiger gegen ihn erst vorgehen, nachdem zumindest ein Zwangsvollstreckungsversuch gegen den Hauptschuldner erfolglos geblieben ist.

Beispiel 11: Vater V nimmt bei der Bank einen Kredit auf, um damit das neu gebaute Eigenheim zu finanzieren. Gleichzeitig wird am Grundstück des V eine Grundschuld bestellt. Der Bürge B verbürgt sich für die Darlehensforderung. Als der V das Darlehen vier Jahre später nicht zurückzahlen kann, nimmt die Bank den B aus der Bürgschaft in Anspruch. Was kann B tun?

Lösung: B kann die Einrede der Vorausklage gemäß § 771 erheben und verlangen, dass die Bank zunächst eine Zwangsvollstreckung gegen V versucht, z.B. indem sie sich aus der Grundschuld befriedigt und die Zwangsvollstreckung in das Grundstück (vgl. §§ 1192, 1147) betreibt.

Wird die Einrede des § 771 S. 1 erhoben, so führt dies gemäß § 771 S.2 zu einer Verjährungshemmung (§ 209) des Anspruchs des Gläubigers gegen den Bürgen.

Die Einrede der Vorausklage ist insbesondere **ausgeschlossen**, wenn

- sich der Bürge als Selbstschuldner verbürgt hat, § 773 I Nr. 1.
- Der Bürge Kaufmann und die Bürgschaft für ihn ein Handelsgeschäft ist, § 349.
- Weitere Ausschlussgründe sind in den § 773 I Nr. 2-4 geregelt.

III. §§ 768, 770

1. Gemäß § 768 I kann der Bürge sämtliche dem Hauptschuldner zustehende Einreden geltend machen.

Beispiel 12: Abwandlung des *Beispiels 11:* Dem V stand gegen die Bank die Einrede des nicht erfüllten Vertrages gemäß § 320 zu. Diese Einrede kann auch der Bürge der Bank entgegenhalten.

Einreden des Hauptschuldners können jedoch nicht erhoben werden, wenn dies dem der Bürgschaft zugrunde liegenden Sicherungszweck widersprechen würde.

2. Solange dem Hauptschuldner das Recht zusteht, das seiner Verbindlichkeit zugrunde liegende Rechtsgeschäft nach §§ 119 ff. **anzufechten** (§ 770 I) oder der Gläubiger gegen eine fällige Forderung des Hauptschuldners **aufrechnen** kann (§ 770 II), kann der Bürge die Befriedigung des Gläubigers verweigern. Anfechtung und Aufrechnung dürfen allerdings noch nicht wirksam ausgeübt worden sein.

Beispiel 13: In *Beispiel 11* wurde der V beim Abschluss des Darlehensvertrags arglistig getäuscht. V hat daher ein Anfechtungsrecht gemäß § 123 I. Bis der V dieses ausgeübt hat, kann der Bürge die Befriedigung der Bank gemäß § 770 I verweigern. Nachdem der V den Darlehensvertrag wirksam angefochten hat, ist dieser gemäß § 142 I nichtig, so dass ab dann die Hauptschuld des V und damit auch die Bürgschaftsschuld des B nicht mehr besteht.

D. Ansprüche des Bürgen gegen den Schuldner

Wenn der Bürge den Gläubiger befriedigt, stehen ihm zwei Anspruchsgrundlagen zu, die ihm die Möglichkeit geben, sich das Geld vom Hauptschuldner „wiederzuholen":

- Der Bürge wird wegen § 774 I S. 1 Inhaber der Forderung, sog. *gesetzlicher Forderungsübergang*.
- Der Bürge kann vom Schuldner regelmäßig gemäß § 670 Aufwendungsersatz verlangen.

I. Gesetzlicher Forderungsübergang gemäß § 774 I S.1

Soweit der Bürge den Gläubiger befriedigt, geht gem. § 774 I S.1 die Forderung des Gläubigers gegen den Hauptschuldner auf ihn über. Der Bürge kann also in gleicher Weise gegen den Hauptschuldner vorgehen, wie dies zuvor dem Gläubiger zustand. Zu beachten ist jedoch, dass die Hauptforderung weiterhin Bestand haben muss, was z. B. nicht der Fall ist, wenn der Hauptschuldner zwischenzeitlich die Schuld durch Erfüllung gemäß § 362 I zum Erlöschen gebracht hat. Der Übergang des Anspruchs ist auch nur dann möglich, wenn der Gläubiger vom Bürgen *vollständig befriedigt* worden ist; das bloße Stellen von Sicherheiten reicht hierfür noch nicht aus.

Mit der Hauptforderung gehen an den Bürgen gem. §§ 412, 401 auch sämtliche **Nebenrechte** an der Forderung über. Der Hauptschuldner wiederum kann dem Bürgen diejenigen Einwendungen entgegen halten, die auch dem Gläubiger gegenüber bestanden haben (§§ 412, 404).

II. Der Bürge steht zum Hauptschuldner meist nicht „beziehungslos" da. Zwischen dem Bürgen und dem Hauptschuldner besteht regelmäßig ein Auftrag (§ 662) oder ein Geschäftsbesorgungsvertrag (§ 675), der den Bürgen veranlasst hat, für den Hauptschuldner zu bürgen. Der Bürge kann daher vom Hauptschuldner Aufwendungsersatz aus § 670 verlangen. Er kann sich also das vom Hauptschuldner „wiederholen", was er an den Gläubiger gezahlt hat. Sollte ein Auftrag oder ein Geschäftsbesorgungsvertrag nicht gegeben sein, ergibt sich der Anspruch des Bürgen auf Aufwendungsersatz meist aus GoA gemäß §§ 683, 670.

E. Das Erlöschen der Bürgschaft

Wegen des Akzessorietätsprinzips erlischt die Bürgschaft u.a. mit dem Erlöschen der gesicherten Hauptschuld. Zum Erlöschen führt ferner auch die erfüllende Schuldübernahme gem. § 418 I und ein damit verbundener Wechsel des Hauptschuldners.

Schema: Kann der Gläubiger vom Bürgen Zahlung fordern?

---

1. Anspruch entstanden?
   **a) Einigung zwischen Bürgen und Gläubiger
   i.S.d. § 765**
   b) Einhaltung der Form, § 766
   **c) Bestehen der zu sichernden
   Forderung (Akzessorietät)**

2. Anspruch erloschen?
   a) Anspruch erlischt mit Erlöschen der Hauptforderung
   b) Anspruch erlischt bei Schuldübernahme, § 418 I

3. Anspruch durchsetzbar?
   Einreden des Bürgen gemäß §§ 768, 770, 771

**Schema: Kann der Bürge vom Hauptschuldner Zahlung
fordern, nachdem er den Gläubiger befriedigt hat?**

**1. Aus Rechtsverhältnis Bürge-Hauptschuldner (z.B. 662, 677,
683, 670)**

**2. Aus der Forderung selbst wegen
Forderungsübergang, § 774 I**

▸ **Literatur zu dieser Lektion**
📖 Giesen, **Jura** 1997, 64; 122 (Grundlagenwissen)
📖 Hohmeister, **JA** 1997, 852 (Klausur)
📖 Artz, **Jura** 1999, 364 (Klausur)
📖 Klanten, **JA** 2000, 177 (Fallbesprechung Angehörigenbürgschaft)
📖 Tonner, **JuS** 2003, 325 (Grundlagen Angehörigenbürgschaft)
📖 Kerbein, **JA** 1999, 377 (Verhältnis Bürge zum dingl. Sicherungsgeber)
📖 Mertens, **Jura** 1992, 305 (Verhältnis Bürge zum dingl. Sichgeber)

Neu! Hörbuch
Basiswissen Schuldrecht BT
Ca. 77 Minuten
ISBN 978-3-86724-089-5

Einführung in das Sachenrecht 1
Mit Beispielen und Schemata
für den leichten Einstieg
- Bewegliche Sachen -
ISBN 978-3-86724-024-6

Neu! „Die wichtigsten Schemata"

-> Schemata ZivilR, StrafR, ÖffR, 312 Seiten,
ISBN 978-3-86724-133-5

-> Schemata Nebengebiete (ArbR, HandR, GesR,
StPO, ZPO), 194 Seiten, ISBN 978-3-86724-138-0

-> **Karteikarten** „Schemata Zivilrecht", 62 Karten,
ISBN 978-3-86724-058-1

-> **Hörbuch** „Die wichtigsten Schemata
Zivilrecht", ca. 78 Minuten, ISBN 978-3-86724-014-7

▶ Unsere 📖 Skripten 📱 Karteikarten 🎧 Hörbücher

Zivilrecht

- 📖 Standardfälle **Zivilrecht** f. Anfänger (BGB AT+Kaufrecht)
- 📖 🎧 Standardfälle **BGB AT**
- 📖 🎧 Standardfälle **Schuldrecht**
- 📖 🎧 Standardfälle **Ges. Schuldverhältn.**, §§ 677,812,823
- 📖 🎧 Standardfälle **Sachenrecht** (Mobiliar+Immobiliar)
- 📖 🎧 Standardfälle **Familien- und Erbrecht**
- 📖 🎧 Basiswissen **BGB AT** (Frage-Antwort)
- 📖 🎧 Basiswissen **Schuldrecht AT** (Frage-Antwort)
- 📖 🎧 Basiswissen **Schuldrecht BT** (Frage-Antwort)
- 📖 🎧 Basiswissen **Sachenrecht** (Frage-Antwort)
- 🎧 Basiswissen **Familienrecht** (Frage-Antwort)
- 🎧 Basiswissen **Erbrecht** (Frage-Antwort)
- 📖 Einführung in das **Bürgerliche Recht** (für Anfänger)
- 📖 Studienbuch **BGB AT**
- 📖 Studienbuch **Schuldrecht AT**
- 📖 Einführung **Schuldrecht BT 1** - §§ 437, 536, 634, 670 ff.
- 📖 Einführung **Schuldrecht BT 2** - §§ 812, 823, 765 ff.
- 📖 Einführung **Sachenrecht 1** - Mobiliarsachenrecht
- 📖 Einführung **Sachenrecht 2** - Immobiliarsachenrecht
- 📖 Einführung **Familienrecht**
- 📖 Einführung **Erbrecht**
- 📖 🎧 **Definitionen** für die Zivilrechtsklausur

Strafrecht

- 📖 Standardfälle **Band 1:** für Anfänger
- 📖 Standardfälle **Band 2:** für Fortgeschrittene
- 📖 🎧 Standardfälle **Strafrecht AT** (für Anfänger)
- 📖 🎧 Basiswissen **Strafrecht AT** (Frage-Antwort)
- 📖 🎧 Basiswissen **Strafrecht BT 1** (Frage-Antwort)
- 📖 🎧 Basiswissen **Strafrecht BT 2** (Frage-Antwort)
- 📖 Einführung **Strafrecht AT**
- 📖 Einführung **Strafrecht BT 1** - Vermögensdelikte
- 📖 Einführung **Strafrecht BT 2** - Nichtvermögensdelikte
- 📖 🎧 **Definitionen** für die Strafrechtsklausur

Öffentliches Recht

- 📖 Standardfälle **Staatsrecht 1** - Staatsorganisationsrecht
- 📖 Standardfälle **Staatsrecht 2** - Grundrechte
- 📖 🎧 Standardfälle f. **Anfänger** (StaatsorgaR u. GrundR)
- 📖 Standardfälle **Verwaltungsrecht AT**
- 📖 Standardfälle **Polizei- und Ordnungsrecht**
- 📖 Standardfälle **Baurecht**
- 📖 Standardfälle **Europarecht**
- 📖 Standardfälle **Kommunalrecht**
- 📖 🎧 Basiswissen **StaatsR 1** - StaatsorgaR (Frage-Antwort)
- 📖 🎧 Basiswissen **StaatsR 2** - Grundrechte (Frage-Antwort)
- 📖 Basiswissen **Verwaltungsrecht AT** (Frage-Antwort)
- 📖 Studienbuch **Staatsorganisationsrecht**
- 📖 Studienbuch **Grundrechte**
- 📖 Studienbuch **Verwaltungsrecht AT**
- 📖 Studienbuch **Europarecht**
- 🎧 Hörbuch Basiswissen **Europarecht**
- 📖 Studienbuch **Staatshaftungsrecht**
- 📖 **Verwaltungsrecht AT 1** - VwVfG
- 📖 **Verwaltungsrecht AT 2** - VwGO
- 📖 **Verwaltungsrecht BT 1** - Polizei und Ordnungsrecht
- 📖 **Verwaltungsrecht BT 2** - Baurecht
- 📖 **Verwaltungsrecht BT 3** - Umweltrecht
- 📖 🎧 **Definitionen** Öffentliches Recht

Sozialrecht

- 📖 Einführung **Sozialrecht**

Nebengebiete

- 📖 Standardfälle **ZPO**
- 📖 🎧 Standardfälle **Handels- & Gesellschaftsrecht**
- 📖 🎧 Standardfälle **Arbeitsrecht**
- 📖 🎧 Basiswissen **Handelsrecht** (Frage-Antwort)
- 📖 🎧 Basiswissen **Gesellschaftsrecht** (Frage-Antwort)
- 📖 🎧 Basiswissen **StPO** (Frage-Antwort)
- 📖 🎧 Basiswissen **ZPO** (Frage-Antwort)
- 📖 Einführung **Handelsrecht**
- 📖 Einführung **Gesellschaftsrecht**
- 📖 Einführung **Arbeitsrecht**
- 📖 Einführung **Kollektives Arbeitsrecht**
- 📖 Einführung **ZPO I** - Erkenntnisverfahren
- 📖 Einführung **ZPO II** - Zwangsvollstreckung
- 📖 Einführung **StPO** - Strafprozessordnung
- 📖 Einführung **IPR** - Internationales Privatrecht
- 📖 Standardfälle **IPR** - Internationales Privatrecht
- 📖 Einführung **Insolvenzrecht**
- 📖 **Gewerblicher Rechtsschutz & Urheberrecht**
- 📖 Einführung **Wettbewerbsrecht**
- 📖 Einführung **Sportrecht**

Karteikarten

- 📱 **Grundlagen des Zivilrechts**
- 📱 **BGB Allgemeiner Teil**
- 📱 **Schuldrecht BT** (§§ 433, 535, 631, 812, 823)
- 📱 **Schemata Zivilrecht** (AT, SchuldR, SachR, FamR)
- 📱 **Strafrecht AT**
- 📱 **Strafrecht BT 1**
- 📱 **Strafrecht BT 2**
- 📱 **Streitfragen Strafrecht**
- 📱 **Staatsorganisationsrecht**
- 📱 **Grundrechte**
- 📱 **Verwaltungsrecht AT**
- 📱 **Schemata Öffentliches Recht**

Die wichtigsten Schemata

- 📖 **Band 1:** Zivilrecht, Strafrecht, Öffentliches Recht
- 📖 **Band 2:** Arbeitsrecht, Handelsrecht, Gesellschaftsrecht, StPO, ZPO

Ratgeber Jurastudium

- 📖 Ratgeber **500 Spezial-Tipps für Juristen** - Wie man geschickt durchs Studium und das Examen kommt

BWL

- 📖 Einführung in die **Betriebswirtschaftslehre**
- 📖 **Organisationsgestaltung & -entwicklung**
- 📖 **Fallstudien** Organisationsgestaltung & -entwicklung
- 📖 **Internationales Management**
- 📖 Wie gelingt meine wiss. **Abschlussarbeit?**
- 📖 **Medienwirtschaft für Mediengestalter**

Assessorexamen

- 📖 Der **Aktenvortrag im Strafrecht**
- 📖 Der **Aktenvortrag im Zivilrecht**
- 📖 **Staatsanwaltl. Sitzungsdienst & Plädoyer**

Irrtümer und Änderungen vorbehalten!

🎧 bedeutet: auch als **Hörbuch** lieferbar!

Bei **niederle-media.de** bestellte Bücher treffen idR *nach 1-2 Werktagen* ein!